Laura Chica es psicóloga y *coach* personal y de equipos, consultora, conferenciante y formadora en empresas y escuelas de negocio. Está especializada en visibilidad y desarrollo del talento desde una perspectiva integral del ser humano. Tras más de veinte años de experiencia en la psicología y el desarrollo de personas, sigue encontrando el reto en su propósito vital: que tengamos una vida lo más cerca posible de nuestra esencia, desde el autoconocimiento y el amor a nosotros mismos, y lo consigue a través de sus libros y conferencias. Es autora de diez libros, entre los que destacan *Autoamor* y *Confía*, que son los dos que, junto a su última obra, *Auténtica*, conforman una trilogía con la que Laura nos prepara para indagar en nuestro interior, amarnos, dejarnos llevar por las enseñanzas de la vida y deshacernos de todas nuestras máscaras.

Para más información, puedes consultar la página web de la autora:
www.laurachica.com

LAURA CHICA

Auténtica

Cómo empezar a ser verdaderamente tú y darte el permiso de brillar

DEBOLS!LLO

Papel certificado por el Forest Stewardship Council®

MIXTO
Papel | Apoyando la silvicultura responsable
FSC® C117695

Penguin Random House Grupo Editorial

Primera edición en Debolsillo: marzo de 2025
Primera reimpresión: julio de 2025

Travessera de Gràcia, 47-49. 08021 Barcelona
Diseño interior y maquetación: Comba Studio
Diseño de la cubierta: Penguin Random House Grupo Editorial

Printed in Spain – Impreso en España

ISBN: 978-84-663-8000-3
Depósito legal: B-717-2025

Impreso en Black Print CPI Ibérica
Sant Andreu de la Barca (Barcelona)

P 3 8 0 0 0 3

A todas mis versiones pasadas por ser necesarias
para ser quien soy, hoy

A mi madre y a mi padre por dejarme ir,
para poder ser

A mi amor, por sostenerme cada día

ÍNDICE

Deseo que este libro te haga amar tus alas imperfectas,
te invite a descubrir el brillo que hay en ti y a dejar atrás los
miedos y los *debería* que te han acompañado toda tu vida.

Deseo que este libro te transforme por completo.
Que sigas siendo tú, pero más de verdad que nunca,
soltando todas las versiones de ti
que ya no te ayudan a ser feliz.

Deseo que a medida que vayas leyendo este libro,
tu vida vaya cambiando, te vayas encontrando contigo
—de verdad—, puedas ir soltando todo lo que ya no eres tú,
y que un día, sin esperarlo, sientas que por fin estás brillando.

Es el momento.
Es tu momento.
El mundo está esperándote.
Más AUTÉNTICA que nunca.

Laura Chica

INTRODUCCIÓN

Descubrir quién eres te ayuda a volver a ti.

Descubrir quién eras, con qué llegaste a este mundo, qué viniste a compartir y con qué mirada te ayuda a algo tan bonito como necesario: comprenderte, para después seguir evolucionando en tu camino de desarrollo hacia quien realmente eres.

¿Qué nos pasa normalmente? Que nacemos y ya llegamos aquí con unas cualidades y tendencias (esencia), que cuando no se ajustan a lo que tu entorno necesita de ti aprendemos a esconderlas y a sustituirlas por algo más adaptativo (para ser parte, para que te quieran), y nunca vuelves a eso que eras, a eso que fuiste, porque de tanto adaptarte al mundo ya ni te acuerdas de quién eres tú.

Pero de pronto, la persona inadaptada eres tú.

Ya no encajas en la versión que inventaste para «ser parte» del mundo. Ya no te sientes bien. No sientes coherencia, plenitud o conexión contigo.

¿Qué pasa? ¿Qué he hecho mal? ¿Qué ha fallado? ¿Qué tengo que hacer ahora?

Si estás viviendo un momento en el que te haces estas preguntas, enhorabuena, porque tu alma está pidiendo su lugar.

Salir a jugar, expandirse y experimentar.

Ha llegado la hora de dejar de adaptarte al mundo para permitirte ser tú, por una vez, por primera vez, cambiando el orden de tus valores, de tus principios y de tus necesidades, y quizá ahora es más importante sentirte feliz contigo misma y sentir que contribuyes al mundo con lo que haces, que tener el puesto que siempre (creíste que) soñaste.

Estás en tu momento auténtico. Tu gran renacer.

Tu momento para romper el molde que construiste para encajar, y dejar salir tu verdad, tu rareza, tu verdadero sentir, tu autenticidad.

Si estás en ese momento, confía en todo lo que sientes, porque tu alma te está hablando.

Si ya lo has pasado, leyendo este libro comprenderás lo que has vivido, poniendo orden y claridad en tu experiencia, y te sentirás más fuerte, más segura, más contigo.

Si aún no has llegado a ese momento, confía en que tu camino está esperándote para cuando estés preparada para ser tú, pero de verdad, y este libro puede ayudarte a preparar tus pasos para ir caminando cuando lo sientas.

Confía en tus tiempos, tu proceso y tu camino.

Todo está bien.

El mundo (nosotros) estamos esperándote para recibir lo que has venido a darnos.

Con tu mirada, tu forma de ser y de hacer, tu esencia en acción y tu ser auténtico.

Has venido a brillar siendo tú. Y nosotros contigo.

Desde el autoamor. Confía. Todo está bien.

Eres auténtica.

Con amor,

Laura

EN ESTE LIBRO

El 11 del 11 de 2020 escribí:

«Es la era de la autenticidad. Todo lo que no sea auténtico está abocado al fracaso. Es la era de la ruptura de las estructuras, donde se disuelve todo lo que no es verdad: relaciones, trabajo, proyectos. Se quedará solo lo que se tiene que quedar: todo y solo lo que eres tú. Todo lo que no eres desaparece.

Es la era de la autenticidad. Lo que no eres dará paso al vacío, para dejar espacio para construir lo que eres desde quien eres. Poco a poco. Decisión a decisión. Así está siendo este momento, invitándonos a romper con lo que ya no resuena con nuestra alma, y abriendo paso, para que lo que hagas desde hoy resuene de verdad contigo».

Encontré ese texto en una de mis libretas de reflexión, que a veces uso a modo de diario, donde escribo textos, poesía y alguna reflexión canalizada. Lo leo hoy y pienso que este libro ya estaba creándose desde entonces. Si has leído mis otros libros, sabes que siempre digo lo mismo, y es porque siempre pasa lo mismo: mis libros comienzan a crearse antes de ser escritos. Qué bonito.

En estas páginas vas a encontrar claves para reflexionar cada día cómo puedes ser más tú, vivir con amor y autoamor tu camino de autenticidad, tomar decisiones y romper amorosamente con patrones y creencias que ya no te sirven y te impiden ser tú misma, y hacer este camino conmigo de la mano. En el proceso, compartiré contigo reflexiones, te haré preguntas, te dejaré pensando y te invitaré a hacer cambios para sentirte cada día más auténtica.

Quizá duela, pero así sanamos, afrontando la verdad de nuestra vida, mirando de frente lo que nunca quisimos ver, y, desde ahí, construyendo nuestra vida desde la verdad de nuestra alma.

El reto es brillar siendo tú, desde tu más pura esencia; dejar de esconderte del mundo y de ti, para compartir todo lo que eres.

El mundo está esperándote.

Y tú también.

Auténtica eres tú cuando eliges bailar tu baile
en lugar de seguir a los demás.
Creando tu propia música en un mundo
que no escucha; solo habla.
Exceso de vacío y falta de verdad.
Luchar sin armas es elegir ser tú en una selva
donde todos quieren ser otros,
aparentar y parecer para ganar admiración
mientras se pierden a sí mismos.
A veces cansa,
pero si cierras los ojos y escuchas fuerte, estás ahí.
Esperando el momento de salir a la pista de baile
y crear tus propios pasos, no importa quién te mire.

Suelta los miedos en cada paso
y baila tu propia música.

Escucha lo que tu alma quiere decirte:
quién eres, qué amas, para qué estás aquí.
Baila una vida que ames
y ama la vida que estás bailando.

Y ahora sí:
ha llegado el momento de crear el baile de tu vida
siendo verdaderamente tú.

QUÉ ES LA AUTENTICIDAD: INSPIRACIONES TEÓRICAS

Decía Claudio Naranjo:

Descubre quién eres, pero no te aferres a ninguna definición. Muta las veces que sea necesario para vivir en la totalidad de tu ser.

Miremos la autenticidad no como un concepto estático, sino como un proceso de desarrollo sujeto a cambios: evoluciona contigo.

Autenticidad no es descubrir quién eres y quedarte ahí. Autenticidad es descubrir y conectarte con la verdad de tu ser, con tu ser auténtico, respetando y acompañando tu cambio, tu evolución y tu transición con todo tu ser.

Auténtica

RAE: *adj. coloq.*
Consecuente consigo misma, que se muestra tal y como es.

Dammann define la autenticidad como «el proceso de estar en una relación congruente con uno mismo, con los demás y con las normas sociales relevantes. Autenticidad es ser fiel a ti mismo y actuar de una manera que refleje tu sentido central del yo. Significa que aspiras a ser tú mismo en todo momento y en todas las situaciones, incluso cuando estás solo, cerca de otros y en entornos sociales». Lehman *et al.* (2019) proponían la visión 3C de la autenticidad: autenticidad como coherencia, conformidad y conexión, a lo que después otros autores añadieron la cuarta C, la continuidad, porque descubrieron que la autenticidad siempre estaba en desarrollo.

También se investigó en 2020 el impacto de la autenticidad en el bienestar organizacional, donde se descubrió la alta correlación entre ambas. Un metaanálisis de setenta y cinco estudios científicos encontró que la autenticidad se asocia positivamente con el bienestar general y con la participación activa en el trabajo y la vida (Anna Sutton, 2020):

«El análisis reveló una relación positiva entre autenticidad y bienestar y entre autenticidad y compromiso. En general, el metaanálisis demuestra que la autenticidad tiene implicaciones positivas para el bienestar individual y el compromiso laboral y podría proporcionar un camino importante para construir organizaciones laborales saludables».

Quiero compartir contigo también algunas definiciones que a lo largo del tiempo se han hecho del concepto autenticidad.

El psicólogo humanista Carl Rogers describió la autenticidad como la congruencia entre el yo real y el yo ideal de una persona, y se consigue cuando una persona es fiel a sus propios valores y creencias, permitiendo así un mayor autoconocimiento y desarrollo personal. Erich Fromm, psicoanalista y filósofo, consideraba la autenticidad como la capacidad de expresar la verdadera naturaleza del individuo. Para Fromm, ser auténtico implica vivir de acuerdo con nuestras necesidades más profundas y nuestros valores fundamentales. Jean-

Paul Sartre defendía que la autenticidad está vinculada a la responsabilidad y la elección consciente. Ser auténtico implica asumir la responsabilidad de nuestras elecciones y reconocer que somos lo que elegimos ser. Heidegger, filósofo existencialista, decía que la autenticidad era el proceso de «ser uno mismo». Argumentó que las personas a menudo caen en la inautenticidad al adoptar roles y expectativas sociales en lugar de enfrentar su existencia de manera auténtica. Y así una larga lista de pensadores, filósofos, psicólogos, sociólogos y otros profesionales que en su momento intentaron dar una definición a la autenticidad.

En el marco de la psicología positiva, la autenticidad se define como la capacidad de ser fiel a uno mismo, expresar honestamente las propias emociones y actuar de acuerdo con los valores personales, contribuyendo así al desarrollo de una vida significativa y plena.

Autores como Kernis conceptualizan la autenticidad emocional como la congruencia entre las emociones experimentadas internamente y las expresadas externamente. En otras palabras, ser auténtico emocionalmente implica permitirse sentir y expresar las emociones de manera coherente y genuina.

Desarrollar la autenticidad tiene un impacto positivo en nuestra vida, ya que ser fiel a ti misma reduce el estrés de vivir pareciendo, mejora las relaciones al ser más reales y genuinas, aumenta tu percepción de valor al sentirte fiel a ti misma, aumenta tu autoestima y autoamor, y mejora el bienestar y la conexión con la vida.

Ahora quiero que tú crees tu propia definición de autenticidad, con todo lo que ya sabes, lo que has sentido, reflexionado y vivido.

¿Qué es la autenticidad para ti?

Quédate con tu propia definición y crea una vida en la que puedas ponerla en práctica cada día. ☺

El privilegio de tu vida
es convertirte
en quien realmente eres.

Carl Jung

LA AUTENTICIDAD EN TU VIDA

Así como el de autoamor es un camino que nunca termina y vamos transitando durante toda nuestra vida, el camino de la autenticidad también lo es, y, de hecho, siento que van de la mano.

Uno abre paso al otro: cuanto más te quieras, te escuches y te respetes (autoamor), más segura te sentirás para hacer espacio en tu vida a quien eres realmente (autenticidad).

Quizá por eso me lo he encontrado de frente y he sentido que debía compartirlo contigo, mi camino, mis aprendizajes y lo que todavía no he conseguido, pero sé que es por ahí.

Si miro hacia atrás, he pasado la mayor parte de mi vida intentando ser la versión de mí misma para los demás, lo que esperaban de mí, adaptándome incluso a lo que no me gustaba y sintiéndome más conectada con los demás que conmigo misma. Lejos de culpar a las personas, me responsabilizo a mí por haber cedido mi poder tanto tiempo y a tantas personas (incluso a personas que no conocía) y tomo conciencia también de cómo nos educan para ser así, más para lo que necesitan los demás que quien de verdad somos, y esas reflexiones me las aplico para poder cambiar mi vida desde ahí, y ayudar a los demás a que también lo hagan. Y soy madre, tía, amiga, pareja, prima, hija, hermana, mentora, por lo que seguro que puedo impulsar el cambio en muchas personas. Y tú también.

El camino a la autenticidad va más de quitarse que de ponerse, de desaprender lo que nos han dicho que importa, para preguntarnos qué nos importa. De desnudarnos de todas las etiquetas, «virtudes», cualidades o creencias que nos han prestado, para descubrir verdaderamente cómo somos, qué pensamos, qué queremos y qué sentimos.

La autenticidad es en esencia el camino más verdadero que vamos a recorrer en nuestra vida, lleno de valentía y determinación; la valentía de dejar atrás lo que ya no somos, como la serpiente que muda su piel para crear una nueva, y la determinación de tomar decisiones, soltar patrones y mirar adelante con mayor conexión con nosotras mismas y autoamor que nunca. Es sin duda un viaje difícil pero que nos llena de fortaleza y plenitud.

En el camino vamos a encontrar muchos retos: descubrirte, ver lo que no se ve, comprender lo incomprensible y amarte en todas tus versiones.

Uno de los retos que vamos a encontrar es caminar hacia la autenticidad en una sociedad en la que se premia más la apariencia que la verdad. Es importante decirlo, porque tenemos que incluir todas las variables en la ecuación para saber qué hacer con ello. No será fácil vivir conectada contigo, con lo que eres, con lo que sientes y necesitas, cuando el entorno no te lo ponga fácil. Ahí necesitarás herramientas para equilibrar: seguir adaptada a una sociedad enferma, como decía Krishnamurti, y a la vez liberándote poco a poco de esas cadenas que han contenido durante demasiado tiempo tu verdadero tú. Si eres una persona de alta empatía, es muy probable que vivas priorizando la necesidad del otro a la tuya: qué necesita mi entorno, qué necesita mi familia, qué necesita mi jefe, qué se espera de mí. Esto te hace desconectarte de forma natural de ti, cada vez más, porque tu atención está puesta en el bienestar del otro. ¿Cómo ser auténtica en ese escenario en el que importa más el bienestar de los demás que el tuyo? No es fácil, y quizá tampoco posible. Y tampoco se trata de irte al otro extremo en el que solo te importas tú; de hecho, tú y yo sabemos que no podrías irte allí porque ni te sabes el camino ni estarías bien. Se trata de equilibrio. De amarte tan bonito que tengas en cuenta tu necesidad, tu sentir, lo que necesitas y quieres, además de tener en cuenta a los demás. No es excluyente, es complementario, el reto está justamente en el equilibrio.

Y una vez más, la mayor dificultad que vas a encontrar eres tú misma, pero la mejor aliada también. La dificultad de aprender a ver con ojos de comprensión todo lo que has hecho en tu vida y que realmente no tenía que ver contigo: las veces en las que has priorizado la decisión de otras personas sobre ti, ese NO en voz alta que nunca te salió, la desconexión de tus propias necesidades y de ti misma por no saber darte tu lugar. Esa mirada de comprensión a tu camino y a tu historia es muy necesaria para no juzgarte, una vez más, recordando que siempre estamos en el camino de autoamor y que rechazarte a ti misma no te lleva a nada bueno. Se trata justamente de lo contrario: de aprender a mirar tu vida con ojos de amor, comprensión, compasión, entendiendo que esa versión de ti no sabía lo que sabe ahora, y aprendiendo de ello. Abrázala mucho durante el camino de «darte cuenta» para crear desde este momento la mejor versión de ti misma, con todo lo que has vivido, sentido, comprendido y aprendido.

tu alma brilla
cuando te
permites
ser tú

La clave para la autenticidad es eliminar
los juicios sobre nosotros mismos
y aceptarnos exactamente como somos
en este momento.

Cuando nos amamos y nos aceptamos
incondicionalmente, podemos vivir
auténticamente y con plenitud.

Louise Hay

60 claves para tu autenticidad

1. NACEMOS AUTÉNTICAS Y NOS VOLVEMOS COPIA

Todo el que hace planes hace el mismo: ser otro.

Benjamín Prado

La autenticidad es nuestro ser esencial. Al nacer, somos. No hay máscaras, no hay miedos, no hay intentos por ocultar lo que se siente o las necesidades que tenemos. Podríamos decir que el momento de mayor autenticidad de nuestra vida es desde que nacemos hasta los dos o tres años, que empezamos a aprender lo que tenemos y no tenemos que hacer «para que nos quieran». Quizá por eso cada vez que veo un bebé se me ilumina el alma; quizá esa autenticidad me despierta tanto amor, ternura, y también admiración, porque me conecta con mi ser auténtico.

Cuando éramos bebés, éramos, sin filtro. La mayor conexión con nosotras mismas se daba ahí, mostrando calma cuando estábamos en calma, mostrando incomodidad cuando estábamos en incomodidad, y llorando o pataleando cuando había alguna necesidad por cubrir antes de que pudiésemos hablar para pedirla. La autenticidad es inherente a la naturaleza humana y se expresa a través de la espontaneidad y la sinceridad. ¿Qué nos pasó? Que lo que era natural y sano se volvió trauma cuando tus cuidadores (papá, mamá, personas cercanas) no pudieron atender tus demandas. Mantenido en el tiempo, aprendimos a adaptarnos a la realidad que teníamos para sobrevivir emocionalmente y, sobre todo, ser parte de ese entorno, que es una de las necesidades clave que nos mueve desde muy temprana edad. Según la perspectiva biológica, dos de las necesidades básicas desde que nacemos son la necesidad de apego (la más conocida) y la necesidad de autenticidad, que en realidad es la necesidad de sentir lo que sentimos, de conectarnos con nuestro cuerpo y reconocer lo que necesitamos y estar conectados al instinto (natural).

La necesidad de apego es la más poderosa, más que atender a nuestra biología, como sería esa «necesidad de autenticidad», por tanto si son excluyentes, la necesidad de apego ganaría a la otra. El trauma del apego se produce cuando de niñas no recibimos el cuidado y la atención emocional adecuados durante los primeros años de vida, por negligencia, abuso o separación temprana de los cuidadores primarios, o simplemente por el «no saber hacerlo mejor» de nuestros cuidadores. Esta experiencia puede afectar al desarrollo emocional y psicológico de los niños, así como en la vida adulta.

Con el tiempo vamos aprendiendo a ser lo que ellos necesitan de nosotros, para que nos quieran, para pertenecer y para merecer amor. Y, ¿sabes cuál es el precio que pagamos la mayoría de las veces para adaptarnos al entorno? Abandonarnos a nosotras mismas: no atender lo que sentimos, dejar de responder a las necesidades biológicas de nuestro cuerpo, o invalidar nuestras propias emociones. Te abandonas para adaptarte e intentar ser lo que necesitan de ti. Es decir: anulamos la necesidad de estar conectadas a nosotras mismas (autenticidad) por la necesidad de apego (que nos quieran). Realmente, es un trauma y funciona como tal. Te has desconectado de ti, de tu ser esencial, al igual que lo hicieron tus padres, los suyos, y así sucesivamente.

Quizá ahora es el momento de atenderte tú, como habrías necesitado que lo hicieran los demás.

Cuando escuché esta información la primera vez me emocioné

mucho, porque comprendí gran parte de mi historia, y de esa Laura pequeñita que tuvo que cuidarse sola mucho tiempo porque se aisló para no sufrir. Nunca hubo una intención negativa por parte de mis padres, pero sí un hermano pequeño que concentró toda la atención y no supieron incluirme como quizá yo necesitaba. Y ahí comencé a desarrollar un patrón que me ha hecho mucho daño, en el que yo todo lo hago sola, lo vivo sola y lo supero sola. Para no sufrir. Para no pedir sin recibir. Para no vivir rechazo. Hasta que puse consciencia y ahora estoy experimentando el bello camino que es dejarse cuidar y acompañar en este breve trayecto que es la vida.

Sin darse cuenta, la mayoría de las veces que ocurre esto, el mensaje inconsciente que nos da la familia es que «para amarte y ser de los nuestros, tienes que ser como nosotros».

Es impresionante verlo escrito así, pero la realidad es que, ante ese mensaje, nuestra respuesta es abandonar cómo realmente somos, lo que sentimos y necesitamos, para ser parte, porque es mucho más importante sentirnos parte de nuestra familia que ser auténticos.

Elegimos pertenecer en lugar de ser.

Es un mecanismo de adaptación al medio, y a la vida, que podemos comprender y aceptar. Pero aceptamos también que habrá algún momento en la vida en el que podamos replantearnos esta relación condicional, rompiendo partes de los condicionantes de ese vínculo, y podamos caminar hacia nosotras mismas, hacia atrás, en búsqueda activa de esa esencia pura y poderosa que también nos está buscando a nosotras. Sea cuando sea, y en el momento de la vida que sea. Hasta que la vas encontrando, te vas encontrando, y el vacío que te ha acompañado siempre se hace cada vez más pequeño, y el amor por ti se va haciendo infinito. Esta sí que es la historia de amor más bonita que vivirás en tu vida.

*Hoy puedes ser tu espacio seguro,
para ti misma.*

Si en algún momento has buscado ser auténtica, recuerda que ya lo eras, y ya lo eres. Eso que buscas está en alguna parte de ti, esperando a ser vista, reconocida, recordada.

Rumi decía: «Eso que buscas también te está buscando a ti».

Y es precisamente lo que pasa con esto: esa parte de ti que es tu ser esencial está buscándote a ti también, para crear juntas la nueva versión de ti, más pura, verdadera, evolucionada y conectada a todo lo que eres.

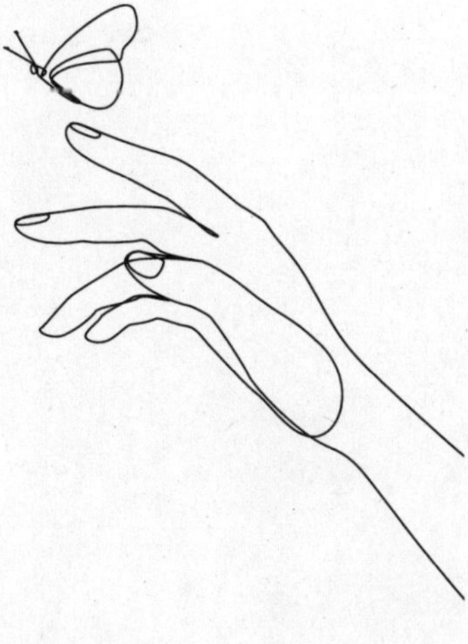

Imagina que al nacer somos como lienzos en blanco. A medida que crecemos, la gente que nos rodea, nuestra familia y la educación que recibimos van pintando nuestro lienzo con trazos de colores que representan sus propias creencias, miedos y expectativas.

Al principio, nos dejamos llevar por esos colores, y nuestras pinturas reflejan los colores que nos han dado. Pintamos nuestra vida con los colores que nos han dicho que podemos pintar. Pero a medida que crecemos, descubrimos que dentro de nosotros hay una paleta infinita de colores esperando a ser probados.

Entonces, empieza nuestro camino de exploración, donde buscamos nuestros propios colores, más allá de lo que nos han dicho, descubriendo nuevos colores y nuevas formas de pintar.

Y de pronto, nace una obra maestra única: nosotros mismos en plena expresión de nuestro ser auténtico.

Nosotros somos los artistas de nuestra vida creando en cada prueba nuestro color interior, ese tono especial que nos hace únicos, y descubrimos nuestra autenticidad compartiendo ese color con el mundo.

2. VIVE UNA VIDA AUTÉNTICA

Prefiero que me odies por lo que soy,
a que me ames por lo que no soy.

Wayne Dyer

A veces es tarde cuando te das cuenta de que tu vida no ha sido tuya.

Abres los ojos a este momento y puedes ver cómo has sido un poco todo el mundo, menos tú misma.

Tus decisiones no han sido tuyas; algunas fueron por no saber decir no y otras por no saber decir sí.

Te perdiste en el camino que te llevaba a ser tú, por intentar ser como otros.

Te perdiste intentando vivir la vida que el mundo quería sin preguntarte si era la vida que realmente querías vivir.

Estudios elegidos por la salida y no por vocación.

Relaciones en las que te has quedado por estabilidad y compromiso, pero te dejaban vacía de ilusión y pasión.

Una vida llena de los demás, pero vacía de ti.

¿Dónde estás ahora?

¿En qué parte de tu vida te quedaste tú?

Quizá es el momento de vivir una vida auténtica.

Salirte del camino que te han marcado.

Abrazar tus miedos.

Bajar el sonido de la voz del mundo y escuchar la tuya.

Soltar los trajes que han vestido tu vida y elegir tu nueva piel.

Vaciar tu vida de todo lo que ya no eres tú, y llenarla de ti.

Vivir una vida auténtica pasa por decirte sí a todo lo que eres tú.

Sí a tu mirada.

Sí a tus nuevos miedos.

Sí a tus nuevos sueños.

Sí a lo que te gusta, y a lo que no.

Sí a lo que de verdad quieres, y a lo que no.

Sí a todo lo que eres tú, con miedo y con sueños, porque ya es hora de hacerte hueco en tu propia vida.

De vivir con libertad.

De vivir tu vida con verdad.

De vivir una vida en la que por fin seas protagonista y cada día puedas elegir un final.

Como un cuento.

Como una historia.

En la que no sabes lo que va a pasar, ni cuándo ni cómo, pero por fin sientes que tú misma salvaste a la princesa del castillo,

con tu fortaleza, tu valentía y tu verdad,

dejando a un lado el final de un cuento perfecto lleno de comodidad

para aventurarte a un final desconocido pero lleno de verdad.

Porque al fin descubres que, en esta vida,

pase lo que pase,

mientras tú estés contigo,

todo está bien.

vive y guía
desde el Ser,
no desde el hacer

3. ÁBRETE A TODO LO QUE HAY EN TI

—A veces soy luz, a veces soy sombra. Soy crítica y también flexible, cercana y autoritaria, tranquila e impetuosa. Me cuesta muchas veces saber cómo soy.

—Eres todo, eres nada. Eres la suma de todo lo que ves y lo que no ves de ti. La coherencia y el equilibrio los sentirás cuando puedas reconocer todas esas partes en ti y darles su lugar. Integrar y no excluir. Aceptar y no rechazar. Ese es sin duda tu camino hacia la autenticidad.

Laura Chica

Quiero contarte una experiencia personal y profesional que significó y sigue significando para mí un ejercicio de apertura a todo lo que soy. Todos evolucionamos, y en esa evolución también lo hacen nuestros gustos, intereses y afectos, dejando atrás muchas veces personas, temáticas y actividades que, si bien una vez te inspiraron o te hacían feliz, quizá ya han dejado de hacerlo tanto, o nada.

Llevo más de veinte años trabajando en el mundo de la empresa, formando y acompañando a líderes y equipos en su desarrollo y, por supuesto, gran parte de mi biblioteca (con unos mil libros en mi haber) son de esa temática, así como algunos que yo misma he escrito (*¿Quién eres tú?*, 2013; *Tu futuro es hoy*, 2014 y 2018, edición revisada, y *Pon un coach en tu vida*, 2015, todos de editorial Planeta).

Hace unos años, sentada en mi sofá, observé los cuatro libros que tenía en proceso de lectura encima de la mesa. En ese momento me di cuenta de que ninguno era de temática empresarial. Los cuatro libros eran de espiritualidad. Me quedé un rato en una especie de shock propio de un *insight*, ese «darte cuenta» que te llena de claridad y de información: lo que ahora me hacía feliz leer tenía más que ver con el alma que con las habilidades. Miré mi biblioteca y tenía más de trescientos libros de desarrollo personal y espiritual, y además los había puesto en un lugar preferente por ser más especiales para mí. Sí, todo esto sin darme cuenta de la profundidad del descubrimiento en mi vida, hasta que «me di cuenta». Y si me pongo a pensar, desde 2017 escribo libros más espirituales que empresariales, y tampoco siento que quiera contar mucho más sobre ello. ¿Qué me había pasado? Que he cambiado. Y es perfecto así. En ese momento de revelación recuerdo que me senté a pensar sobre ello y me di cuenta de que tenía dos caminos: un camino fácil para la mente y difícil para el corazón, como es seguir haciendo y contando lo que llevaba veinte años haciendo, y un camino difícil para la mente y fácil para el corazón, que es escuchar lo que siento y caminar por ese nuevo sendero que quizá no se entendería, se criticaría o se juzgaría, y a ver qué pasa. Elegí esto último.

Sí, he cambiado. Ya no soy la misma. No me interesan los mismos temas ni me emocionan las mismas cosas, ni personas. Difícil para la mente porque ni tú misma lo entiendes, y te haces trampa, con los miedos y los juicios sobre ti misma. En estos casos hay que escuchar la voz de eso que sientes, que tiene infinitamente más poder que las palabras de tu mente crítica.

El resultado es que, hoy en día, sigo desarrollando mi trabajo en empresas y eventos con formaciones y conferencias relacionadas con habilidades y haciendo procesos de *coaching*, impregnados de quien soy yo ahora, y escribo libros alineados con esa mirada más espiritual y profunda que se ha despertado en mí. Ha cambiado una cosa que quiero compartir contigo: cuando me llega una oferta para una conferencia o formación, ahora me pregunto: ¿esto me emociona, me ilusiona o me conecta con mi propósito? Si la respuesta es sí, valoro hacerla. Si la respuesta es no, normalmente no la hago. Es una forma en la que siento que me respeto y soy fiel a mí.

¿Cómo sé que no me he equivocado en esta nueva versión de mí? Nunca se sabe, pero si hay algo cierto es que los resultados no mienten. Por elección y resonancia he ido reduciendo mis colaboraciones con empresas, y aumentado mi conexión con el mundo de los libros. Y algo verdaderamente bello que quiero compartir contigo: cuanto más me permito ser yo escribiendo, reduciendo el qué dirán y conectada a mi esencia y mi autenticidad, más alcance tienen mis libros. Alcance espiritual (por el número de almas que toca) y alcance internacional (por el número de países a los que llega). Esto no puede ser casualidad. Esto es, y no tengo ninguna duda, una respuesta del universo para recordarme que estoy en el camino correcto.

Y es que rechazarte no sirve de nada, aunque sea difícil de gestionar eso que vives, eso que sientes. Rechazar es desintegrar, dejar al margen, ignorar, ocultar o abandonar parte de ti, y si eso lo haces con alguna parte, lo haces con toda tú. Ha llegado el momento de ser por fin tú, con todo lo que eres, con todo lo que hay en ti, invitándote a abrazar cada parte de ti aunque no la entiendas. Solo desde ahí podrás realmente evolucionar y avanzar, crecer desde el alma y expandirte con todo lo que eres.

Asumirse imperfecta es parte del amor a una misma y del camino a la autenticidad.

Aceptar con amor que esa perfección anhelada no existe en la humanidad, porque ser humanos es ser imperfectos y estamos aquí para aprender y amarnos por el camino tal y como somos. Y esto te ayudará a reducir la autoexigencia que tanto daño te hace y tantas máscaras te obliga a ponerte para contigo misma, y poco a poco ir descubriendo las capas que has puesto para no ver esa imperfección, y aprender a amarla, y amarte. Pura magia, especialmente cuando descubres que era peor la máscara que la imperfección.

En tu camino hacia ser auténtica es necesario que aprendas a integrar todo. Desde el autoconocimiento, que como sabes es el inicio de todo lo que llamemos evolución, pasando por la exploración abierta y amorosa de todo lo que somos, todas nuestras versiones y miradas. Aunque no nos guste lo que descubrimos, aunque nos cueste o nos genere rechazo, precisamente porque tiene más que ver con lo que no queremos ser (suele pasar). Y de ahí, a la aceptación incondicional de todo lo que vemos, de todo lo que sentimos y de todo lo que somos. Y desde ese lugar de autoamor, cuestionar, soltar y crecer, continuamente, porque la vida es cambio y el cambio es evolución.

En ese «hacer espacio a lo que es», es todo un reto hacer espacio en nosotras a la rabia o la ira e integrarlas como partes de nuestra vida, porque también tienen su función.

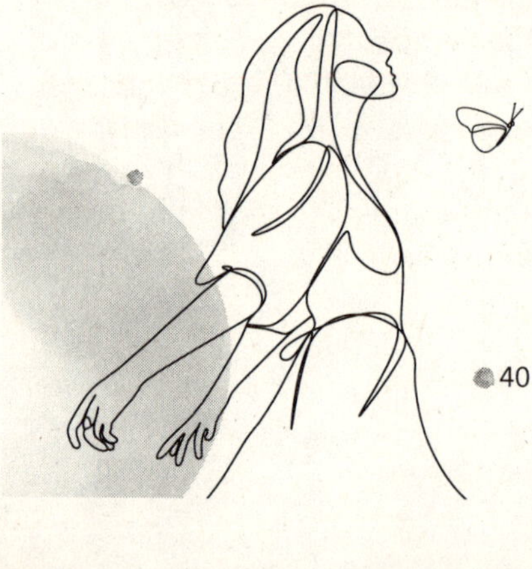

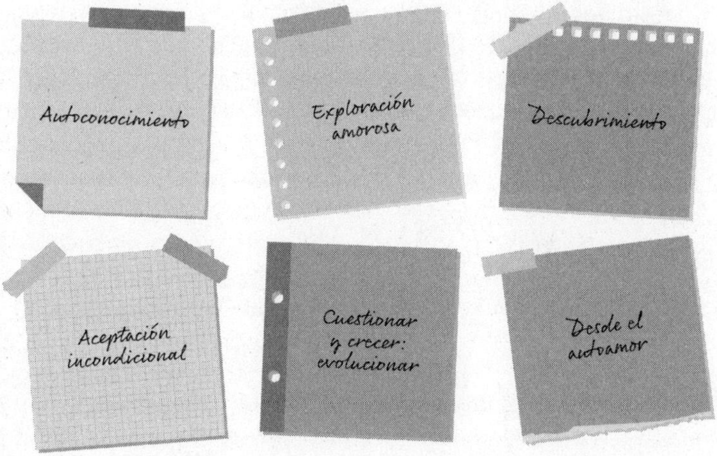

Clarissa Pinkola Estés habla de la rabia que hay en nosotras y de cómo dejarla salir saludablemente, de forma que le demos espacio y la dejemos ir. Recoge que «la rabia es una de las maneras innatas de comenzar a empoderarnos, crear y preservar los equilibrios que consideramos importantes. La rabia es en ocasiones el último paso en la jerarquía de llamar la atención. Cuando hay mucha rabia atascada, existe una salida, y es a través del perdón. Puedes elegir entre muchas maneras de perdonar: por ahora, perdonar hasta entonces, perdonar hasta la siguiente vez, perdonar pero no dar más oportunidades, puedes dar una oportunidad más, dar oportunidad solo en caso de... Puedes perdonar parte, o todo, o la mitad de la ofensa... Tú decides cómo atravesar y cuándo». Es muy interesante porque abrirte a todo lo que hay en ti también es por supuesto hacer espacio a lo que sientes, sea lo que sea, mirando, haciendo espacio y dejando salir. Y después, gestionar. Clarissa explica que podemos elegir también por qué etapas del perdón pasar y por cuáles no. Serían estas:

1 *Desistir*

Dejarlo en paz, no para pasarlo por alto, sino para volverse ágil y fuerte a fin de desapegarse de la situación.

2 *Resistir*

Abstenerse de castigar. Tener paciencia, afrontar, canalizar las emociones. Practicar la generosidad.

3 *Olvidar*

Apartarse del recuerdo, rehusar a permanecer en el asunto. Olvidar es un empeño activo, no pasivo. El olvido consciente significa abandonar voluntariamente la práctica de obsesionarse, tomar distancia y perderlo de vista intencionalmente, sin mirar atrás, viviendo así en un nuevo paisaje, creando una nueva vida y nuevas experiencias en que pensar en lugar de las antiguas.

4 *Perdonar*

Abandonar la deuda. Es una decisión consciente de dejar de albergar resentimientos, lo cual incluye renunciar a la determinación de desquitarse.

«Si vivimos como respiramos, tomando y soltando, no podremos equivocarnos». Esta frase implica abrirnos con todo el amor al ciclo de la vida: tomar, aprender, dejar ir, aceptar, avanzar. Esto es abrirnos a todo lo que hay en nosotras y a lo que nos trae la vida.

Sobre la integración de todo lo que somos, Virginia Satir hablaba de un concepto que me encanta que es «el baile de las partes»: es una metáfora preciosa que utilizaba para referirse a la idea de que cada persona tiene diferentes aspectos, emociones y partes dentro de sí misma, y que la salud emocional y el bienestar vienen de armonizar y reconocer todas estas partes, reconociendo que cada parte tiene un papel en la experiencia y el crecimiento personal. Ella creía que negar o reprimir partes de una misma podía llevar a tener conflictos internos y dificultades emocionales. En realidad, tiene todo el sentido; en el libro *Autoamor* te contaba que «si rechazas una parte de ti, te estás rechazando entera». Es una afirmación un poco intensa (como yo), pero el sentido que quería exponerte es este: ya está bien de rechazarnos, de mirarnos con lupa, de compararnos, o de no querer ver todo lo que somos.

Quizá ha llegado la hora de abrirnos a ver todo, mirarnos con ojos de amor, sin juicio, y comprender todo lo que hay en nosotras. De dónde viene ese miedo, de qué trauma tengo este rechazo, de dónde viene este dolor... Mirarnos de una forma más amplia, más holística, incluyendo nuestra historia (y más atrás) para poder sentir ese amor, compasión, comprensión y apoyo hacia nosotras mismas.

Solo desde ahí podremos decir verdaderamente «me estoy amando», cuando lo amemos todo.

La autenticidad requiere de la integración de las partes.

Y a estas alturas, parece que nada que no sea auténtico puede sobrevivir.

Se desgarra.

Se fragmenta.

Se rompe.

Genera vacíos que no se pueden llenar de nada.

Solo de ti.

Nuestro auténtico yo es nuestra luz, que emerge por medio de esas grietas cuando todo parece haber acabado. Y es justamente el comienzo.

Y con polvo de oro, puedes ir creando tu más bella obra dando luz a tus cicatrices, como si de una técnica de kintsugi se tratara. El kintsugi resalta las cicatrices y las hace parte integral de la historia de la pieza, creando una belleza única en la imperfección. Como puedes hacer tú.

Todo lo que incluyes,

lo liberas

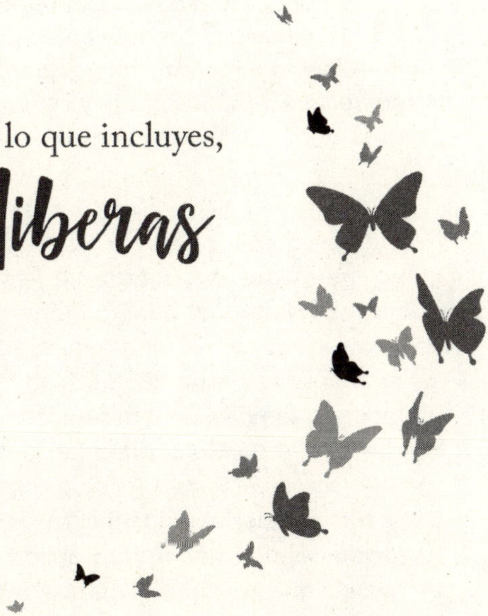

4. AUTOAMOR COMO EJE

—Es que a veces me siento perdida en mi propia vida, no sé darme mi lugar, ni sé lo que quiero. A mi edad y sigo sin saberlo.

—Recuerda hacer un espacio para ti en tu vida, preguntarte cómo estás, qué necesitas, qué quieres, y hacerlo cada día. Es una forma de acordarte de ti, escucharte y respetarte. Si puedes, hazlo mirándote en el espejo. Donde al principio hay incomodidad o rechazo, luego habrá amor. Hazte espacio en tu vida, reconócete, escúchate y cuídate cada día un poquito más. Esa es la única magia que necesitas en tu vida.

Conversación con una lectora

Cuando escribí *Autoamor* lo hice sabiendo que ayudaría mucho, como me estaba ayudando a mí escribirlo, pero nunca pensé que cambiaría tantas vidas. Sin ánimo de ser exagerada con ese concepto de «cambiar vidas», pero sé, por vuestros cientos o miles de mensajes desde que nació el libro en 2021, que comenzar a atender una parte de ti misma, como es el autoamor, hace que cambie tu mirada, tus prioridades, la forma en la que te relacionas y lo que permites. Por tanto, sí, te cambia(s) la vida.

Siento agradecimiento infinito a todas las personas que lo habéis leído, sentido, integrado y aplicado, y así cada día, porque es un camino que nunca terminamos de recorrer. Cada día podemos sentirnos más cerca de nosotras mismas, si aprendemos a abrazar el autoamor como eje de nuestra vida.

¿Qué es vivir con el autoamor como eje?

Imagínate que el autoamor es tu columna vertebral. Lo que te sostiene, te mantiene erguida, te permite caminar. La invitación es a vivir, sentir, decidir, relacionarte, hacer, crear, desde ese eje que te mantiene en tu lugar. No sé cómo será tu vida, las experiencias que vivirás o lo que la vida tendrá para ti; lo que sí sé es que, viviendo con el autoamor como eje, es mucho más difícil que vuelvas a perderte, que te olvides de ti, o que sientas que no eres fiel a ti misma. Y desde ese lugar, es mucho más fácil sentir que eres auténtica.

Ser auténtica está íntimamente relacionado con tu autoamor, porque en la medida en la que te ames a ti misma también te permitirás cada vez más ser tú misma.

He podido sentir cómo el autoamor ha actuado en mi vida como una onda expansiva. A medida que iba drenando cada parte de mi ser, como una ola lenta que moja la arena, me he sentido cada vez más llena de mí. Es justo esa sensación la que me ha permitido cada día ser cada vez más yo, abrazando mis rarezas (que hay muchas), con amor. Preguntándome muchas primeras veces qué sentía, qué necesitaba o qué quería, al margen de lo que en esas circunstancias hubiera hecho antes. Y he visto nacer otra parte de mí que nunca había visto, porque no le había dado espacio ni voz. Y ahora, de lejos, observando el camino, puedo decirte que justamente esa parte que ha emergido y lo sigue haciendo cada día es más yo que ninguna otra.

Mi camino hacia la autenticidad es lento, comparado con personas que parece que nacen cien por cien auténticas, al margen del entorno. Mi excesiva empatía, la alta sensibilidad que me conecta con las necesidades de los demás (y del mundo entero), mi inseguridad permanente y mis patrones de apego desde la infancia quizá lo han hecho un poco más complicado, pero no imposible. Lento, pero no imposible. Y en este camino, el autoamor ha sido mi luz, mi guía, mi eje, mi impulso, y así lo sigue siendo cada día. Es como hacer el ejercicio de meterte en la ecuación de tu vida cuando se te olvida, y ser responsable de ti misma, también. Y desde ahí, sí: puedo decir que el autoamor me ha cambiado la vida.

Cuanto más te conoces a ti misma, más fácil será para ti conectarte con tu autoamor y tu autenticidad. ¿Por qué? Porque descubrirás en ti eso que te gusta, y lo que no; lo que te llena de energía, y lo que te hace que la pierdas; lo que te suma, y lo que te resta; tus valores y lo que para ti es un *must*, y sabrás a qué decir no con más facilidad. Por ello, cuanto más te conozcas a ti misma y ames lo que eres, tu ser único y diferente, más fácil será tomar decisiones y vivir alineada con tu autenticidad, y con menos miedo a no ser aceptada o a vivir siendo diferente. Escuché a mi querido Luis Bueno decir «deja las armas y toma el alma», y me parece una preciosa frase que refleja ese camino de autoamor, en el que cada día puedes ir soltando un poco de ese juicio, exigencia y armas contigo misma, para ir acercándote de forma amable a tu alma, a quien eres, y descansar ahí. Tantas veces estamos ahí y no nos vemos; tantas veces estamos esperando nuestro propio abrazo, y no lo sabemos...

Cuando me enfrenté a mí mismo, perdí yo.

Benjamín Prado

Te recomiendo algunos pasos para hacer del autoamor tu eje en tu camino a la autenticidad:

- Que te conozcas cada día más y mejor, abriéndote a descubrir todo lo que eres.
- Que seas honesta contigo misma y todo lo que descubras de ti, abrazando todas tus partes, incluso aquello que no te guste.
- Que te preguntes, te escuches y te atiendas; todo lo que sientes es por algo. Tu cuerpo habla de muchas maneras, y aprender a escucharlo es amarte.
- Que puedas poner límites en las relaciones, decir que no cuando así lo sientas y pedir aquello que necesitas al otro también.
- Háblate siempre con amor, amabilidad y cariño. Como si hablaras a tu niña, cuidando que siempre esté bien y que nunca esté sola.
- Respeta tus valores, recuerda tus principios y cuestiona tus creencias.

Todos estos pasos te van a ir guiando en tu camino a la autenticidad desde ese eje expansivo que es el autoamor. Cada día recuerda conectarte con él y hacer espacio en tu vida para ti y para todo lo que eres.

Para que te quieran, te callas.
Para no causar conflicto, cedes.
Para no herir, no opinas.
Para no sobresalir, no brillas.
Y luego te preguntas por qué no te encuentras;
quizá porque te has perdido en el camino
de buscar amor, lugar o aceptación.
Y en medio de la sombra descubres tu luz interior.
Un llamado profundo, un anhelo de liberación.
Y un día descubres que para amarte a ti misma
no necesitas validación, apoyo o aceptación.
Ahí eres libre, plena y poderosa.
Y que amándote a ti misma cada vez eres más tú.
Es un camino difícil, de aprendizaje y renuncias
y de personas que se quedan por ese camino
porque desconocen en quién te estás convirtiendo.
Cada paso es necesario.
La entrada y salida de personas, también.
Hasta que un día, te miras al espejo y por primera vez
puedes ver quién eres.
Reconoces tus ojos, tu sonrisa y tu alma.
Te agradeces por el camino, el aprendizaje y las caídas.
Y sabes que ese momento es el comienzo
del viaje más bonito de tu vida contigo,
siendo,
por fin,
verdaderamente, tú.

5. HONRANDO TU SAGRADO FEMENINO

No hay nada más poderoso que una mujer conectada con su intuición y su fuerza interior.

Clarissa Pinkola Estés

Lo femenino es algo sagrado y valioso.

Ser mujer es algo sagrado y valioso.

Si aún no lo sientes así, es que tienes que conectarte con la energía femenina y poderosa que hay en ti, que no solo te llena de fuerza, sino que te conecta con la divinidad.

El sagrado femenino se asocia con la diosa que hay en cada una de nosotras, y se considera una fuerza divina femenina que impulsa a la creación y la vida.

Lo femenino representa la fuerza creadora, intuitiva y sanadora.

El sagrado femenino honra y celebra la esencia femenina en su forma más auténtica y poderosa. Celebra ser mujer, sentir como mujer y reconocer y honrar la divinidad.

Esta energía es curativa, nutritiva y transformadora, y reconectarnos con ella es la fuente para recuperar el poder que hemos perdido. Te cuento un poco de historia para que podamos comprenderlo mejor.

Hace siglos, en numerosas culturas, lo femenino era algo sagrado. Se veneraba y se le hacía culto, por ejemplo en Grecia, diosas como Isis o Afrodita eran adoradas por su conexión con la fertilidad, la creación y la protección. Sin embargo, en la Edad

Media, con la expansión del cristianismo, se produjo un cambio en la percepción de lo femenino, asociándolo con la tentación y el pecado, y la reverencia hacia las diosas femeninas disminuyó y desapareció en muchas culturas. Desde ese momento, las mujeres vivimos una represión hacia toda expresión femenina y espiritual, culminando en el siglo xv con la llamada «caza de brujas», que llevó a la persecución y ejecución de muchas mujeres. Entre 1450 y 1750, especialmente, miles de mujeres fueron acusadas de brujería y sometidas a juicios, torturas y ejecuciones, según sabemos hoy, como intento de anular, ocultar y controlar a la mujer y su poder (social, sexual, su sabiduría y su conexión con la naturaleza). Esto nos hizo que culturalmente, como mujeres, aprendiésemos a olvidar ese poder, a escondernos y a desconectarnos de nosotras mismas, por pura supervivencia. La mujer pasó a no tener voz ni opiniones propias para no generar conflicto ni ser tentación, y así poder seguir vivas. En mi último viaje a Edimburgo, nos contaron que a cualquier mujer de la que tuvieran la más mínima duda de ser «bruja», que eran casi todas, las sacrificaban quemándolas o tirándolas al pantano desde el tejado de una iglesia, y si sobrevivían es que el diablo las salvaba, por tanto, eran brujas, y si no sobrevivían no eran brujas, pero ya iban con Dios. Así eran nuestras posibilidades, así era nuestra capacidad de elegir y así era de valiosa nuestra vida.

Desde el siglo XIX aproximadamente estamos viviendo una especie de renacimiento del movimiento feminista, donde las mujeres comenzamos a reclamar nuestra independencia y poder. Pero tenemos memoria ancestral, y en esa memoria viven los miedos y la tendencia a seguir escondidas. En este camino, reconectar con lo femenino, como una fuerza sagrada y poderosa, es lo que verdaderamente nos dará fuerzas para ser nosotras mismas, soltando parte de los miedos que viven en nuestro inconsciente a través de nuestra historia, en los que nos hemos tenido que esconder, mentir, anular y silenciar para seguir vivas.

Nos callaron, pero ahora estamos aquí y podemos gritar.

Nos escondieron, pero ahora podemos dar un paso adelante y mostrarnos al mundo.

Nos anularon, pero ahora podemos apostar por nosotras mismas y ser lo que queramos ser.

Podríamos decir que estamos viviendo nuestra mejor época para ser mujeres y honrar a todas las que no pudieron vivir tal y como eran. Nuestra mejor forma de honrarlas es siendo auténticas.

¿Cómo honrar el sagrado femenino?

★ Honrar el sagrado femenino implica reconocer y celebrar tu esencia y la energía femenina en todas sus manifestaciones.
★ Este libro en sí mismo ya es una práctica para honrar tu sagrado femenino.
★ Conectarte con la naturaleza te hará sentir poderosa y conectada a lo divino.
★ Meditar y honrar tu existencia te conectará con lo divino.
★ Conectarte con tus ciclos menstruales, así como los ciclos de la luna, te hará sentir conectada a lo sagrado femenino.
★ Haz rituales en los que honres tu energía femenina y tu divinidad, como baños intencionados y conscientes, limpiezas energéticas o rituales de bienestar.
★ Permite a tu sagrado femenino que se exprese a través del arte,

el baile, la escritura, o como necesites. Ser mujer es ser creadora y con la creatividad te estás honrando.

- Escucha tu sabiduría interior, conecta con tu alma y con tu intuición para honrar los siglos de historia que albergas en tu alma.
- Cualquier práctica de autoamor implica honrar el sagrado femenino en ti. Hazlo más.
- Comparte con otras mujeres, colabora, impulsa, empodera, reconoce, apoya. Todo lo que hagamos entre nosotras que nos ayude es honrar el sagrado femenino.
- Da espacio a todas las mujeres que hay en ti: la mujer bondadosa y compasiva, la mujer sexual y seductora, la mujer salvaje y poderosa, la mujer madre y cuidadora. Honrar el sagrado femenino es honrar todas tus versiones y todo el poder que hay en ti.

En el latir silencioso de cada mujer reside el eco eterno del sagrado femenino, una fuerza ancestral que aguarda ser recordada y celebrada.

«Honrar lo sagrado femenino es abrazar la totalidad de la experiencia femenina: la luz y la sombra, la fuerza y la suavidad, el poder y la compasión», recoge Swami Durgananda. En ese ejercicio de integrar el todo, integra también lo masculino y lo femenino en ti para ser con ese todo. Integrar tu energía femenina y masculina en un baile precioso, donde sabes que son una pero parecen dos. Donde cada una de ellas te invita a pensar, sentir y hacer diferente, y donde no necesitas elegir, porque eres todo. Las energías Shiva y Shakti, que denominan en la India, representando nuestra energía poderosa masculina Shiva, que nos invita a la determinación y la acción (por ejemplo, poner límites), y nuestra energía Shakti, femenina, que nos invita al cuidado y autocuidado, a acompañar y ser acompañadas y a la reflexión y comprensión (por ejemplo, sanar nuestras heridas). Ambas energías son parte de nuestro sagrado femenino, y reconocerlas e integrarlas nos hará bailar en un movimiento perfecto de compensación y complementariedad que nos mantiene en equilibrio.

La mujer es la radiación de la divinidad.
Es la luz, es la fragancia, es la esencia misma
de la conciencia.

Jiddu Krishnamurti

Simbólicamente, el sagrado femenino ha estado representado por diosas que nos acompañan aún a día de hoy. Identificar qué representan estas diosas puede ayudarte a conectar contigo y con ese poder en ti. Algunas de las que más me gustan son:

★ Isis, diosa egipcia asociada con la maternidad, la magia y la curación. Es considerada la madre de todo, protectora de la familia y sanadora de enfermos.
★ Athena, diosa griega de la sabiduría, la estrategia y la justicia. A menudo es representada como una diosa guerrera con una conexión profunda con la inteligencia y la sabiduría femeninas.
★ Lakshmi en la India, la diosa de la prosperidad, la belleza y la abundancia. Es venerada como la personificación de la gracia y la generosidad.

- ★ Durga es una diosa hindú de la guerra y la protección. Representa la fuerza y la valentía femeninas, luchando contra el mal para restaurar la armonía en el universo.
- ★ Yemayá, de la mitología yoruba, es la madre de todos, asociada con el océano, la maternidad y la protección.

En nuestro camino hacia la autenticidad, la conexión con el sagrado femenino será un camino clave hacia el autodescubrimiento y nuestra esencia más pura, sagrada y divina. Reconocer y honrar la esencia femenina nos ayuda a conectarnos con la intuición, la creatividad y la fuerza interior. El sagrado femenino nos convierte en creadoras, diosas y energía sagrada. La doctora Jean Shinoda Bolen dice que «la conexión con lo sagrado femenino es el retorno a la fuente de nuestra verdadera fuerza, un recordatorio de la sabiduría y la gracia que reside en el corazón de cada mujer».

La conexión con el sagrado femenino nos dará fuerza para liberar patrones limitantes, sanar heridas emocionales y reclamar nuestro poder auténtico que reside en cada una de nosotras. En la autenticidad de nuestro sagrado femenino, encontramos también la fortaleza para vivir una vida plena, alineadas con nuestros valores más profundos, contribuyendo así a la creación de un mundo más capaz, coherente y compasivo. La conexión con el sagrado femenino es sin duda un viaje significativo hacia nuestra autenticidad, y en cada paso del camino, conectadas a la energía poderosa femenina que nos une, encontramos la valentía de ser verdaderamente nosotras mismas.

Hazte espacio, que ya estás aquí.

La mujer no solo lleva la vida,
sino que también guarda la llave
para comprender los misterios de
la existencia. En su ser radica el poder
de la creación y la transformación.

Clarissa Pinkola Estés

6. TEN LA VALENTÍA DE SER TÚ

Me tuve que ir de ti para ser de mí.

Laura Chica

En la vida nada es una lucha. Nada debe serlo, y cuando lo es, quizá lo estamos viviendo desde un lugar de inferioridad. Cuando luchas con alguien, quizá te posiciones en un lugar inferior a esa persona, por un miedo, una dependencia o un trauma. Cuando luchas contigo misma, estás relacionándote contigo desde la carencia en vez de hacerlo desde tu poder, haciéndote pequeñita contigo misma.

Quiero invitarte a relacionarte con la vida y contigo misma desde ese lugar de poder, de fuerza y de calma.

Miguel de Unamuno decía que el que tiene fe en sí mismo no necesita que los demás crean en él. Ojalá fuera tan fácil, ¿verdad? Lo que nos inspira esta cita es que, si dentro de ti crees con todas tus fuerzas en quien eres y lo que haces, necesitas menos, mucho menos que esa confianza venga de fuera para creer tú, porque ya lo haces. Si viviésemos desde esa mirada, nuestra vida sería, sin duda, más auténtica, porque crearíamos una vida alineada con lo que creemos nosotras, no buscando, de forma inconsciente y constante, la validación de los demás a lo que somos, hacemos y creamos. Y así nos va. Vivimos dando tanto poder al entorno que nos hacemos pequeñas ante él, y justo por ello vivimos en continua lucha.

Vivir esperando y pidiendo validación externa a todo lo que hacemos y somos es vivir encadenados a la opinión de los demás. Lejos de ser libre, eres esclava de lo que los demás piensen de lo que haces y eres. Demasiado cruel para elegirlo tú misma, ¿verdad? Esa esclavitud se libera con la valentía de asumir tu propio poder, reconocer tu propio valor, y dejando de esperar que lo que hagas y quien eres guste a tu entorno. Y ahí, mágicamente, todo cambia. Pero recuerda hacerlo siempre desde el amor (y el autoamor), no desde el odio y el enfado, porque en ese caso seguirías encadenada (estamos encadenadas a todas las personas hacia las que sentimos enfado, odio o rencor). Liberar ese sentimiento es liberarte a ti misma.

En mi libro *Tu futuro es hoy* (2014), contábamos esto sobre la capacidad que tiene el entorno:

«El entorno no es otra cosa que la tierra en la que uno se cultiva. Si la semilla es buena, pero el terreno no es fértil, no habrá fruto dulce. Hay entornos tóxicos y entornos estimulantes; entornos que alimentan la confianza y entornos que alimentan el miedo; entornos que sacan lo mejor de una persona y entornos que reprimen el potencial que hay dentro de cada individuo. En los buenos entornos el talento se atreve y expande; en los malos, se contrae y reprime. Un mal entorno es como caminar por arenas movedizas, por mucho esfuerzo que se haga, los avances son limitados. Un buen entorno, por el contrario, actúa a modo de "factor de apalancamiento" y el talento despliega las alas».

En cualquier entorno, debes ser la semilla que dé el fruto más bello, pero también la semilla con el interior más fuerte.

Todo lo que te conozcas, te aceptes, te abraces y te ames construirá en ti un interior fuerte, centrado, equilibrado y lleno de poder; todo lo que te avergüence, rechaces de ti o no quieras ver te debilitará y te hará sentir en desequilibrio y vacío.

Y, ¿desde dónde será más fácil para ti afrontar el contexto, soportar el viento o hacer crecer tu árbol? Una vez más, el camino del autoamor es el camino para ser verdaderamente tú, para afrontar la vida siendo tú, y vivir con toda tu magia.

Tener la valentía de ser tú es tener la valentía
de abrazar todo lo que eres,
al margen del entorno y las circunstancias,
y hacerte fuerte desde ahí.

Integrando todo, amando todo, y cuidando tu esencia, tus sueños, tus valores y tu mundo. Algo no muy fácil para quien se desconoce o se rechaza a sí mismo; por tanto, habría que empezar por ahí.

Tener la valentía de ser tú es no necesitar pelear con el mundo para que te acepte, porque ya te has aceptado tú. No suplicar amor a cualquier precio, porque ya te amas tú. Es agarrarte de la mano y salir al mundo vestida de autenticidad y coherencia, sin necesidad de demostrar nada ni necesitando validación hacia quien eres, porque ya lo sabes. Es regalarte a ti misma eso que tantas veces has esperado de los demás.

Ten la valentía de ser tú.

Y vive una vida auténtica.

Suelta todo lo que no eres tú.
Los miedos prestados.
Las creencias aprendidas.
Los sueños impuestos.
El cordón que te ata a los *debería.*
La necesidad de complacer a los demás.
La búsqueda incesante de amor a cualquier precio.
Los condicionantes, el dolor.
Suelta todo lo que no eres tú, y comienza a descubrir
tu verdadero tú.
Descúbrete verdadera.
Desnuda.
Libre.
Plena.
Auténtica.
Soltando todo lo que iba contigo pero no eras tú.
Y desde esa verdad,
comienza
por fin
a brillar.

7. TU AUTENTICIDAD TE CONECTA CON LA ABUNDANCIA

Y solo cuando me sentí auténtica,
me abrí a todo lo que el universo tenía para mí...

Laura Chica

Hay algo mágico en nuestras vidas, cuando de alguna manera sientes que estás alineada contigo, y de pronto parece que en tu vida todo se alinea. Se ordena, ocurren cosas buenas, las cosas parece que se dan fáciles, te salen bien, llegan buenas noticias, y, aunque no dure mucho, a medida que vas elevando tu nivel de conciencia, puedes darte cuenta en ese mismo momento de que algo mágico está sucediendo.

Cuando tú elevas tu vibración, un nuevo campo vibratorio de personas y sucesos se abre para ti.

Cuando tú te amas, también estás elevando tu frecuencia vibratoria, abriéndote a un mundo de oportunidades y posibilidades a la altura de lo que sientes que mereces.

La mirada infinita a ti misma, la aceptación de quien eres, la creencia profunda de lo que quieres y el merecimiento se unen en forma de energía para abrirte camino a todo lo que la vida tiene para ti.

Y también ocurre todo lo contrario, que es como probablemente hayamos vivido la mayor parte de nuestra vida.

Pero ahora es el momento de sentir la abundancia en tu vida, siendo tú.

Y la autenticidad te abre a la abundancia, porque te conecta con lo que de verdad eres, restando los miedos, limitaciones y creencias que durante toda la vida has construido y sin darte cuenta te han alejado de lo que la vida tiene para ti.

Sí, es que quizá es más fácil.

Por derecho natural, mereces todo lo bueno de la vida, porque tú eres la vida.

No tienes que hacer nada para merecer amor, porque eres amor.

Y de forma natural, eres abundancia, por lo tanto, más que aprender cómo atraer esa abundancia, puedes ir soltando todo eso que has construido para alejarte de ella, sin darte cuenta.

Cuanto más te conectes contigo, con lo que te gusta hacer, lo que has venido a compartir, lo que de verdad resuena con tu alma, y soltando el personaje que habías comprado creyendo que el camino era por ahí, más abundancia llegará a tu vida. De forma natural, se conectarán los puntos, y esa sensación de facilidad es un indicador de que el camino siempre había sido ser tú. En ese punto, tu capacidad para gestionar dificultades aumenta, la creatividad para inventar nuevas opciones se dispara, y de alguna manera puedes sentir que estás siendo sostenida. Es la magia de vivir desde tu autenticidad.

Aquí podría ponerte el ejemplo de cuando la escritora de la saga Harry Potter, J. K. Rowling, fue rechazada doce veces por el manuscrito llamado *Harry Potter y la piedra filosofal* y algo en ella hizo que se mantuviera fiel a lo que sentía que era su camino, hasta que el trece fue un «sí» que la catapultó a la fama mundial, y hoy es una de las mujeres más ricas según la revista *Forbes*, siendo la primera persona del mundo en facturar más de mil millones de dólares escribiendo libros. Pero hay ejemplos más cercanos, sencillos y visibles alrededor de ti. Ayer me contó una persona a la que estoy acompañando en su desarrollo, cómo ha estado los primeros cuarenta años de su vida perdida, de un trabajo a otro, y con una vida muy complicada, porque nunca quiso mirar con ojos serios su don; un talento para conectar con la energía de los demás, para sentir cosas y ayudar a las personas en su camino a través de diferentes terapias. Y que ahora, al cumplir cuarenta años, decidió seguir su corazón, dejar todo, también sus miedos y miedo al qué dirán, y montar su tienda de productos para el bienestar espiritual, donde puede hacer sus terapias y ayudar como siempre había sentido. Y que, por fin —me decía—, «siento que estoy en mi sitio. Ahora soy yo».

Este es un ejemplo de cómo la autenticidad te conecta con la abundancia, y cuando puedes escucharte, respetarte y ser fiel a ti misma, la vida te conecta con la magia, la abundancia y la expansión, para que en ese camino también puedas ayudar a otras personas.

Como ves, es el ciclo perfecto.

Solo tienes que abrirte a la abundancia que vive en ti, permitiéndote ser tú, y vivir desde ahí.

Me comprometo a cuidar la relación conmigo,
a cuidar lo que siento, lo que pienso y lo que digo.
A esperar para mí lo mejor de la vida,
desde el amor, la gratitud, el autoamor y el merecimiento.
Me comprometo a escuchar lo que quiero y lo que necesito,
a abrirme a lo que la vida me traiga,
y a transformarme con cada experiencia
que me lleve a la autenticidad.

♥

Me comprometo a ser, y a mostrarme como soy
a cualquier precio,
aunque no me acepten, aunque no me quieran,
eligiendo amarme yo y no esperar.

♥

Me comprometo a amar mi autenticidad
como forma de amar la vida,
porque amar lo que soy es amar lo que es,
sin miedos, sin escondite,
entregando el corazón en cada palabra llena de verdad.

♥

Me comprometo a ser abundancia, vida y verdad,
a no poner límites en lo que puedo crear,
a no cerrarme a lo que me tenga que llegar
sabiendo siempre que la vida tiene planes perfectos
si aprendemos a confiar.

8. AMAR —DE VERDAD— TU LIBERTAD

Cada elección que tomemos va a realzar
el espíritu o drenarlo. Todos los días,
o nos damos poder o nos lo quitamos.

Caroline Myss

La mayor libertad es ser tú misma.

Pero ¿cuánto permiso has tenido en tu vida para ser libre? Si tu madre, tu abuela, tu familia no lo era... Una lealtad más que nos aleja de nuestra esencia libre y creadora.

Estamos tan acostumbradas desde pequeñas a que nos digan qué tenemos que hacer, que cuando por fin podemos tener libertad, no sabemos qué hacer con ella.

Y sí, se podría decir que hay momentos de nuestra vida en los que la libertad nos da miedo.

Significa que pase lo que pase, tú eres la máxima responsable de lo que pase en tu vida, porque eres la que ha tomado esa decisión, la que ha elegido ese lugar o la que renunció a otra opción eligiendo esta. El ejemplo da igual, lo que importa es la sensación de ser responsable de todo lo que pase en tu vida. Pesa, y mucho. Es más fácil mirar hacia fuera y decir «por tu culpa mira cómo estoy», que decir «tomé esa decisión y ahora asumo las consecuencias». Sin duda esa segunda opción es la que nos va a hacer crecer, madurar y evolucionar, asumiendo responsabilidad en la decisión y en las consecuencias.

A veces siento que lo que somos, lo que podemos llegar a ser y lo que podemos alcanzar es tan grande que nos da vértigo.

Es más fácil sentirse pequeña y no actuar,
que asumir la grandiosidad que somos
y tener que actuar en consecuencia.

Amar de verdad tu libertad implica amar esa grandiosidad, tu capacidad de elegir, de decidir, de hacer, y crear una vida en la que te permitas ser tú.

Tú, con todo lo que eres.

Amando tu libertad de elegir aquello que quieres, y aquello que no quieres.

Amando tu libertad de soñar tan alto como tu alma te pida.

Amando tu libertad de diseñar la vida que más te conecta con quien verdaderamente eres.

Amando tu libertad de dejar atrás, sin miedo y con consciencia, todo lo que ya no resuena contigo.

Y en el camino, abrazar el arquetipo de víctima que vive en ti y que durante tanto tiempo te ha alejado de tu camino por miedo a no asumir tu poder. Esa parte de ti siempre va a estar contigo (forma parte de tu sombra), pero como todo lo que es sombra, cuando le pones luz, puedes integrarla en ti. Y desde ese lugar ya puedes elegir asumir tu poder para crear, cambiar las cosas o decidir, en lugar de huir o callarte, como probablemente hiciste durante mucho tiempo.

Quiero profundizar en algunas ideas sobre este arquetipo de víctima que vive en nosotros sin darnos cuenta (sombra) y que determina gran parte de nuestra vida hasta que le ponemos luz, para que puedas darle esa luz tomando conciencia. Al tomar conciencia de cómo este patrón afecta a tu vida, es posible hacer cosas diferentes para liberarte de las limitaciones autoimpuestas y tener cada día mayor poder sobre ti misma.

Este arquetipo o modo víctima que vive en ti te hace sentir en una posición de debilidad o indefensión en tu propia vida. Si te suena, es porque estás viviendo o has vivido fases en tu vida en las que ha liderado esta parte de ti.

Todos tenemos todo: diferentes arquetipos que viven en nosotros y que van manifestándose en diferentes momentos de nuestra vida, liderando nuestro comportamiento sin apenas darnos cuenta.

El arquetipo de víctima lo explica muy bien Caroline Myss, donde recoge algunas formas en las que se puede manifestar y nos puede ayudar a entender cómo, sin darnos cuenta, cedemos nuestro poder y libertad porque a cambio ganamos algo:

- ★ A través de la culpa: cuando tendemos a culparnos a nosotras mismas o sentir que merecemos ese sufrimiento.
- ★ Sentimiento de indefensión: cuando sentimos que no tenemos control sobre nuestra vida y que somos víctimas de circunstancias externas.
- ★ Sacrificio excesivo: cuando tendemos a sacrificarnos excesivamente por los demás, lo que puede resultar en el agotamiento emocional y físico con tal de sentirnos merecedoras de algo.
- ★ Alta dependencia: cuando dependemos en exceso de otras personas para satisfacer nuestras necesidades básicas o emocionales como, por ejemplo, «necesito que me quieran».
- ★ Falta de empoderamiento: cuando evitamos la responsabilidad personal en la consecución de objetivos, por ejemplo, y nos cuesta establecer límites saludables o decir que no.

Es importante que reconozcas estos patrones en ti, actuales o pasados, para que este «darte cuenta» sea el camino para recuperar tu poder y volver a tu centro. Es difícil porque los patrones persisten por estar muy arraigados en ti, tanto que los confundes contigo, con ese «yo soy así». Pero no, no eres así. No eres dependiente, pequeña ni culpable. Esos son aprendizajes de tu vida, como trajes que una vez te pusiste, te sirvieron y ya nunca te quitaste, quizá porque encontraste que te servían para algo más. Esos trajes ya no te hacen bella; todo lo contrario. Necesitas reconocerlos, agradecerles su labor contigo, y poco a poco ir soltándolos para descubrir que sin ellos eres más bella aún.

Cambiar la dependencia por libertad.

Cambiar la necesidad imperiosa de amor por autoamor.

Cambiar el sacrificio excesivo por los demás por entrega desde el amor, sin olvidarte de ti.

Cambiar la cesión ciega de tu poder a los demás por mantenerte en tu centro, contigo, y relacionarte desde ahí.

Cambiar miedo, culpa y dependencia por autoamor, merecimiento y libertad.

Ama de verdad tu libertad, para permitirte ser auténtica, amando la responsabilidad para con tu vida, creando con cada decisión y con cada error una vida auténtica —la tuya—, liderándote a ti misma como nunca antes.

Mensaje de tu ser auténtico 11:11

Yo suelto todas las expectativas de mamá y papá para ser yo.

9. AMANDO A TU FAMILIA DESDE TU LIBERTAD

En el amor a la familia, descubrimos que nuestra autenticidad yace en encontrar nuestro lugar en el sistema, equilibrando el respeto por nuestras raíces con la libertad de crecer y florecer en nuestra propia luz.

Bert Hellinger

¿Cuál es el precio que quizá has pagado en tu vida por necesitar seguir siendo parte de tu familia? Hace poco leí una pregunta que compartía #lamagiadelcaos que decía: «¿Por qué cedemos y regalamos quienes somos a cambio de un sitio en la mesa?». Si ese sitio que se te está dando está condicionado a que cambies tu esencia, ¿de verdad lo quieres? Pertenecer es uno de nuestros anhelos más profundos, pero ¿a qué precio?

Y esto es inevitable que nos haga pensar en todas esas personas que no pueden ser ellas mismas por miedo a «perder» ese lugar en la mesa. Y quizá una de esas personas has sido o eres tú. Recuerda que por duro que parezca, el precio que pagas también lo eliges tú, así como el límite en esa cesión de autenticidad.

Cuando «persigues» tus sueños, cuando decides independizarte, cuando eliges vivir tu propia vida, suele haber un elemento común: el miedo a alejarte de tu familia, o a que tu familia no respete esa decisión y te aleje de ellos. De alguna forma, tu libertad muchas veces pasa por rechazar algunos de los condicionamientos, pactos o normas implícitas en tu familia, para poder dar ese paso. Una especie de elección, muchas veces dolorosa, que antecede el momento de, por fin, comenzar a ser tú.

Por suerte no todo el mundo lo vive tan intenso, tan profundo o abrupto, pero si miras alrededor, seguramente personas muy cerca de ti sí lo han vivido así.

Mi hija, que ahora tiene quince años, ha hecho un movimiento brusco de ruptura conmigo primero, con la familia después, que cuesta mucho entender desde la mirada de madre, pero desde la mirada terapéutica responde al «me alejo para poder ser yo». A veces lo explico con la metáfora del elástico: en la adolescencia, el elástico se estira (a veces muchísimo) para alejarse, autoafirmarse y poder ser, descubriendo quiénes son y qué quieren. Y en la medida en que van creciendo, obteniendo respuestas y serenándose, el elástico va volviendo a su forma original, acercándose cada vez más a su lugar de origen. Nunca como antes, diferente, pero vuelven. Cuando lo vivo ahora, siento que ella tiene la necesidad de alejarse para ser ella, trascendiéndome a mí (y a la familia) para descubrirse a sí misma. Lo que no dejemos que ocurra en esta fase lo necesitará hacer después. Por ello, aunque es doloroso, observo cómo crea ese movimiento de alejarse para encontrarse y lo honro en la medida que puedo. Al menos, lo entiendo, lo acepto y acompaño, aunque honestamente se me hace especialmente difícil.

A lo largo de nuestra vida, en nuestro camino a la autenticidad, ocurre lo mismo.

Necesitamos comprender la metáfora del elástico, y restar drama a la lejanía, a veces propia y a veces de personas en nuestra familia, para comprender el proceso.

★ Donde estás, no puedes crecer más.
★ Para descubrirte a ti misma tienes que salir de donde estás.

- ★ Para soltar creencias y patrones adquiridos tienes que trascender la relación con tus padres.
- ★ Necesitas vivir la ruptura temporal para soltar y romper con lo que eras, sentías, veías, creías e ir más allá para preguntarte quién eres, qué sientes, ves y crees tú.
- ★ Cuando sientas la libertad de ser tú, sin condicionantes, con menos miedo, aceptando el rechazo o la exclusión, justo ahí estás preparada para volver a la familia siendo tú. Desde este nuevo lugar, estarás más preparada para pedir respeto, porque has aprendido a respetarte tú; a hacerte escuchar, porque has aprendido a escucharte tú, y a no necesitar anularte para que te acepten, porque ya te has aceptado tú.

Todo esto, desde el amor y el autoamor.

Aunque este proceso parezca fácil, puede llevar años, al igual que el movimiento en la adolescencia, que si recuerdas va desde los 11-12 años hasta los 18-20, o quizá más. Por ello, no puedes forzar a meses un movimiento de vida que de forma natural necesita su tiempo. Confía en el proceso, y confía en ti.

Lo más bonito es sin duda lo que vas a encontrar:

- ★ En el camino, a una persona que a cada paso se va descubriendo a sí misma, desnudándose de todo lo que no es suyo y encontrando todo lo que era, pero no veía.
- ★ Al final, una relación genuina en la que por fin puedes permitirte ser tú, relacionarte desde tu autenticidad con tu familia y con el mundo, y amarlos desde la libertad del no necesitar, porque ya lo eres, ya lo tienes.

Pasamos de estar escondidos en lo que esperan de nosotras y en lo que creen que somos, para sentirnos aceptadas, «parte de», y amadas, a ser verdaderamente y cada día más nosotras mismas, sabiendo que el amor y la aceptación nos lo damos nosotras mismas y desde ese lugar de autoamor, coherencia y autenticidad, nos relacionamos con nuestra familia.

En ese momento podemos vivir rechazo, sorpresa, bloqueo, o apertura por parte de la familia, todo es parte del proceso. Ellos también necesitan tiempo para aceptar, reconocer y amar a la persona que somos.

Y si no existe reencuentro inminente, amar a la familia desde la libertad de ser tú.

Amar es una palabra inmensa, donde cabe todo, y también el amor desde la incomprensión, la incondicionalidad y la distancia. Puedes no saber por qué actuaron así en tu infancia o por qué actúan así ahora, y parte de tu paz interior pasa por aceptar su postura y amarlos así, aunque no alcances a comprenderlo.

Virginia Satir, maravillosa psicoterapeuta especializada en terapia familiar, nos dio mucha luz con lo que ella llamó las «Cinco libertades humanas». Ella intentó definir y guiar lo que debíamos tener en cuenta para, verdaderamente, sentirnos libres en nuestras relaciones. Creía que cuando estas libertades eran respetadas y fomentadas, las personas podían experimentar un crecimiento personal significativo y relaciones más saludables.

La práctica de estas libertades que nos regala Virginia sin duda beneficiará nuestra vida desde el autoamor: nos sentiremos más conectadas, coherentes, respetadas y libres.

En cualquier balanza que te ponga la vida, recuerda elegirte a ti. Aunque nos hayan enseñado que eso es egoísmo, priorizar

LAS CINCO LIBERTADES HUMANAS

La libertad de ver y escuchar lo que está aquí, en lugar de lo que debería estar, estuvo o estará.

La libertad de decir lo que se quiere y se piensa, en lugar de lo que se debería sentir y pensar.

La libertad de sentir lo que se siente, en lugar de lo que debería sentirse.

La libertad de pedir lo que se quiere, en lugar de tener que esperar siempre el permiso.

La libertad de arriesgarse por cuenta propia, en lugar de optar únicamente por estar «seguro» y no perturbar la «tranquilidad».

Virginia Satir, *En contacto íntimo*, pp. 24-25.

al otro, sea quien sea, es algo que nos han vendido como amor o bondad, y es todo lo contrario. Nada que sea amor puede implicar anularte a ti por el bien de otro, ni en relaciones de pareja, ni familiares ni de amistad. Elige elegirte en todas tus relaciones, escucharte y vivir desde todo lo que eres, amándote desde tu libertad y amando a los demás desde la libertad de ser tú. Y así, un poco más cada día.

Todas tenemos una historia en la que abandonamos
alguna parte de nosotras mismas para agradar a alguien.
Para que nos acepten, para que nos amen,
para sentirnos parte de una familia que tiene
sus propias reglas del juego.

Y en ese juego olvidaste las tuyas:
Amarte como eres.
Respetarte tal y como eres.
Aceptarte como eres.
No abandonarte.

Me retiro del juego de ser perfecta constantemen
Ya ha llegado el momento de ser de verdad.
Aparentar ya no me sirve.
Ahora elijo sentir, ser y vivir
desde mi autenticidad.

10. LA AUTENTICIDAD DE TU PROPÓSITO

Aleja las distracciones del ego y acércate al propósito de tu alma.

Ram Dass

Me gustaría compartir contigo algunas reflexiones sobre la importancia de conectarte a tu propósito, y que ese propósito que te mueve sea auténtico. Así aprovechamos para desmitificar eso del propósito, o al menos darle un enfoque diferente.

Nos persiguen los mensajes por todas las redes que nos invitan a conseguir nuestros objetivos, facturar más, o cambiar de vida. Acabamos creyendo que lo importante es el objetivo, y que cuanto más grande, mejor; al fin y al cabo, ¿eso es el éxito no? Cuanto más alto, más dinero, más grande la casa, el coche, la empresa, más se supone que hemos triunfado. Pero a estas alturas, tú y yo sabemos que esa no es la realidad. Cada día veo personas que en apariencia han conseguido eso que tanto anhelamos a nivel social, ese éxito en cantidad y tamaño, y ¿sabes qué? No son felices. ¿Por qué puede ocurrir esto? Llegar adonde se supone que hay que llegar y no sentirte feliz.

La respuesta suele ser que ese objetivo, destino o meta que se perseguía no estaba conectado con el propósito auténtico de quien lo perseguía.

Conectarte con tu propósito auténtico requiere un trabajo más profundo que el que estamos a veces dispuestos a hacer. El mundo se divide en dos tipos de personas: las que tienen muy claro su propósito y viven para él, y las que viven sin tener muy claro su propósito, pero con apertura a descubrirlo. Y luego habría un tercer grupo de personas que no saben ni quieren saber nada de este tema. ¿A cuál perteneces tú?

Algunas personas pueden tener más claridad sobre su propósito y sentirse conectadas a él desde una edad temprana, mientras que otras pueden pasar años explorando y descubriendo su propósito a lo largo de su vida.

Una cosa muy importante que nos puede ayudar a desmitificar esta carrera hacia el propósito: algunas personas pueden encontrar su propósito en su carrera o vocación, mientras que otras pueden encontrarlo en sus roles como padres, en su creatividad, en su servicio a los demás o en sus pasiones personales. Esto quiere decir que tu trabajo no siempre tiene que estar unido a tu propósito, y esta información es relevante para quitarte algo de presión. Es lo ideal, que tu trabajo, a eso que dedicas entre 8-12 horas de tu día, esté relacionado con eso que te mueve, te inspira, o has venido a hacer. Pero si no es así, puedes dedicar parte de estas ocho horas restantes de tu día a hacer algo que te haga sentir conectado con él (el resto a dormir ☺).

Hay un indicador al que muy pocas veces escuchamos y te invito a que le vayas subiendo el volumen: la resonancia.

El sentimiento de resonancia es la sensación que te llena cuando te conectas con tu propósito auténtico. Puede sentirse como una chispa de alegría, una sensación de plenitud o una atracción magnética hacia una actividad o temática particular. Presta atención a cómo te sientes cuando realizas diferentes actividades o tratas diferentes temáticas, porque unas te resuenan más poderosamente que otras.

Hay otro indicador poderoso que comparten las personas que dicen vivir conectadas a su propósito: una sensación de paz y alineación interior. Cuando vives en congruencia con tu propósito auténtico, es fácil que puedas sentirte en armonía con tu ser más profundo y experimentar una sensación de fluidez y facilidad en tu vida. ¿Lo has sentido alguna vez? Yo en estos últimos años lo estoy sintiendo con mis libros y con mi trabajo de acompañamiento, de diversas maneras. Puedo notar la diferencia en «lo fácil» que viene dado el camino frente a otros ejemplos de mi vida, y en esos momentos siento que estoy «en mi propósito».

Sentirte conectada a tu propósito es sentirte conectada a ti.

Y entonces hay muchos momentos en los que, aunque te pierdas, te desmotives o te salgas del camino, reconectarte con tu propósito te devuelve a ti. Porque es tu propósito auténtico, desde lo más profundo de ti.

Y si aún no has podido reconectarte con tu propósito, ¿qué puedes hacer para ir descubriéndolo? Te dejo algunas pistas:

- Pregúntate qué actividades te hacen sentir más viva y en qué áreas destacas naturalmente. Identifica tus intereses y habilidades únicas, ya que estos pueden ser indicios de tu propósito auténtico.
- Escucha tu intuición: presta atención a tu voz interior y tu indicador de bienestar. A menudo, tu intuición puede proporcionarte valiosas señales sobre lo que te impulsa y te inspira.
- Escucha lo que la gente te dice y nunca crees: «Qué bien se te da esto», «¿Has pensado en dedicarte a esto?». Llevamos casi toda la vida escuchando estas frases, pero sin atender la información,

y quizá ahora pueda ayudarte a descubrir qué te mueve, qué te inspira, qué has venido a hacer.

- Reflexiona sobre cómo puedes contribuir positivamente al mundo siendo quien eres y haciendo lo que haces, y cómo tus habilidades y pasiones pueden marcar una diferencia en la vida de los demás.
- Permítete explorar, aprender y crecer a medida que te conectas más profundamente con tu verdadero propósito en la vida.

Si vamos un paso más allá, a nivel más espiritual, todos hemos venido aquí con un propósito que nos mueve. El reconocimiento de tu propósito auténtico puede ser un proceso gradual y en evolución, por eso es importante mantener una apertura contigo misma y con la vida para que te dé información. Un propósito tuyo, que sea solo tuyo, y de nadie más. Que venga de lo más auténtico de tu ser, y te permita vivir, a la vez, una vida auténtica, conectada a lo que has venido a hacer, y ser.

Recuerda que, en el camino hacia tu propósito auténtico, no siempre tendrás todas las respuestas de inmediato; permítete explorar y descubrir tu propio camino.

¿Y si has venido a CREAR algo grande?
¿Y si has venido a SER diferente?
¿Y si tu papel aquí es hacer cosas
que nadie ha hecho?
¿Y si has venido a BRILLAR siendo tú,
pensando como piensas
y haciendo las cosas a tu manera?

Solo necesitas permitirte ser tú para saberlo.
No pongas límites a tu ser, a la expresión
de tu alma para regalarte al mundo con todo
lo que eres.
Sé auténtica.
Sé tú.

11. CONFÍA EN TODO LO QUE ESTÁS POR CREAR

La versión que eres hoy no sería posible
sin todas tus versiones anteriores,
y esta versión actual será parte
de la que estás por construir.

Laura Chica

Has venido a vivir una vida mágica.

Has venido a crear cosas maravillosas, a vivir una vida llena de amor, abundancia, creación y expansión, aportando lo mejor de ti al mundo.

Has venido a inspirar a otras personas a que también puedan crear su mundo, a que crean en ellas mismas, a que compartan la magia que son.

Para eso es necesario que primero creas en ti y que te permitas impregnar todo lo que haces de ti.

Para eso es necesario que dejes de luchar contra quien eres y te dejes ser.

Que hagas pequeño tu miedo y te llenes de fuerza y valentía para dar ese paso que te lleva a tu sueño.

Para eso es necesario que te mires con ojos de grandeza y mires y admires todo lo que eres, y lo que puedes llegar a ser.

Para eso es necesario que te des la oportunidad de hacerlo, de explorar, de dar el primer paso, de hacer esa llamada, de pedir apoyo, de creer fuerte en que eso que sientes se puede dar.

Confía en todo lo que estás por crear.

Mira atrás y reconoce en tu vida todo lo que has conseguido, lo que has superado, lo que un día quisiste y ya tienes. Mira atrás y reconoce en ti todos los recursos personales que lo han hecho posible: tus fuerzas, tus ganas, tu coraje para superar obstáculos.

Tienes todo en ti para crear la vida que quieres.

En la medida en que te permitas ser auténtica, todo será más fácil para ti.

Cuando te permites querer eso que de verdad quieres.

Cuando dejas de perseguir sueños de otros.

Cuando cortas con lo que los demás quieren para ti y eliges lo que quieres tú.

Cuando de verdad te escuchas y te conectas con tu alma.

Cuando de verdad eres tú.

Ahí, justo ahí, eres magia. Ahí, justo ahí, todo se vuelve más fácil.

Porque no hay lucha, porque no hay resistencia, solo hay amor.

El amor que te regala la verdadera conexión contigo, la paz y la calma que te dan saberte en coherencia y equilibrio con la verdad de tu ser.

Confía en todo lo que estás por crear.

Ni siquiera tú sabes el alcance de lo que puedes, de lo que eres capaz. Ni siquiera tú sabes dónde está tu límite cuando sabes hacia dónde vas.

Eres infinita, ilimitada y plena, poderosa y divina cuando te llenas de la magia de ser tú.

Regálate más de eso, cada día, recordándote elegirte cada día y ser más tú que nunca.

Que al mirarte al espejo te reconozcas.

Que al mirarte al espejo te sientas orgullosa de ti.

Que al mirarte en los ojos de los demás recuerdes cuál es tu lugar.

Que al mirarte por dentro solo encuentres paz.

Sería un error pensar que se necesita ser
un héroe endurecido para lograrlo.
No es así.
Se necesita un corazón que esté dispuesto
a morir y nacer
y morir y nacer una y otra vez.

Clarissa Pinkola Estés

12. CAMBIAR (DE VIDA, DE PROFESIÓN, DE PAREJA, DE LUGAR)

—Ana: Es que ya no me siento feliz, después de quince años en mi trabajo ya no siento que aporto, y se me hace un mundo cada vez que tengo que ir a la oficina. Estoy tomando algo para reducir la ansiedad.

—Laura: ¿Has pensado en cambiar de trabajo? Ana, las oportunidades están ahí, no hay que tener miedo a dar un paso adelante y cambiar de empresa o crear tu propio negocio. Tienes mucha experiencia, no olvides eso.

—Ana: ¿Después de tantos años adónde voy a ir? Llevo media vida aquí. No sé, igual es una fase y se me pasa. Aunque hace más de tres años que estoy así, y me noto apagada y triste, como si no evolucionara.

—Laura: ¿Qué precio estás pagando por ser fiel a una decisión de hace quince años, Ana? ¿Tu salud? Tu desarrollo, tus sueños, tu evolución. No tengas miedo a cambiar de vida, de empresa, de lugar, aunque parezca que es algo malo, ¡todo lo contrario! Es un paso que, bien meditado, te invitará a seguir creciendo. Es importante que priorices tu bienestar, tu salud y tu proceso vital sobre cualquier decisión. Escúchate, siéntete, descubre qué necesitas. Recuerda que el cambio, las rupturas y los cambios de ciclo son parte de la vida, y de una vida auténtica.

—Ana: Gracias por enseñarme a verlo diferente, con menos miedo y más natural. Siento que ha llegado el momento de abrirme a algo nuevo y seguir creciendo como persona y profesional. Gracias por inspirarme para ser cada día más yo.

Conversación con Ana en sesión

Los cambios..., ese proceso natural de la vida, constante, recurrente, que aun sabiendo cómo son, que van a llegar y de alguna manera siempre los esperamos, logran zarandear nuestra vida una y otra vez, como si nos pillaran por sorpresa. La sorpresa es que no los esperes, porque toda tu vida la puedes resumir en una continua sucesión de cambios, uno tras otro, que te invitan (o te fuerzan) a salir de lo conocido, retarte a ti misma y, por ende, a evolucionar.

¿Cómo puedes temer algo que te hace crecer tanto?

Subyace un miedo a soltar lo que conoces, lo que llamas seguro, y abrirte a algo que no sabes lo que es. Ese miedo te inhibe, te bloquea y te hace pequeña, olvidando en el camino la grandiosidad que vive en ti, la infinidad de recursos personales que tienes para afrontar lo que sea, y cuando digo lo que sea, es todo. Te invito en este momento a cerrar los ojos en cuanto leas este párrafo, y recordar en tu vida todo lo que has afrontado, superado y construido, sin darle el valor que se merece, sin darte el valor que te mereces. Respira profundo un instante, cierra los ojos y dedica dos minutos de tu vida a este ejercicio.

[...]

Pues todo eso, eres tú.

Tú y tu capacidad
—inmensa, grandiosa y poderosa—
de afrontar lo que sea que pase.
Y desde esa consciencia
puedes vivir ahora todo
lo que esté por venir.

Ahora sí que estás preparada para hacer espacio.

Hacer espacio en tu vida al cambio, a escuchar qué pide tu alma, a callar los miedos de tu mente a vivir una vida diferente por no saber qué viene detrás, y a confiar plenamente en tu capacidad para vivir y afrontar con amor y desde el amor (y autoamor) todo lo que está por venir.

Deepak Chopra escribió: «En el proceso de dejar ir perderás muchas cosas del pasado, pero te encontrarás a ti mismo». Nuestra biología nos lo pone difícil, porque tiende a aferrarse y acomodarse a lo que conoce, pero la vida, que es experta en crear experiencias para hacernos evolucionar, nos regala vivencias y retos que nos invitan a ese difícil pero grandioso aprendizaje que es dejar ir.

Y en ese dejar ir, nos abrimos al cambio.

Y en cada cambio, nos abrimos más a nosotras mismas.

A soltar lo que ya no resuena contigo, para hacer espacio a lo que ahora sí.

Siempre digo que lo que más daño nos hace en nuestra vida probablemente sean los contratos que firmamos y que nos encadenan de por vida. Un matrimonio, una relación profesional, un lugar donde vivir... «Firmas» en un momento de tu vida en el que lo sientes así, pero a lo largo de los años, rara vez te preguntas si lo sigues sintiendo así, simplemente sigues siendo responsable con esa decisión que tomaste, tal y como la sociedad nos ordena. A veces, es el cuerpo el que te grita que ahí ya no, mostrando síntomas visibles e invisibles, que rara vez escuchamos, y cuando lo hacemos, no somos capaces de saber por qué. Personas que viven a base de ansiolíticos y antidepresivos para seguir en su trabajo o en su relación, porque sin darnos cuenta priorizamos «el contrato» a lo que sentimos. Y por ahí no es.

Quiero compartirte cuatro ideas clave para que las leas, las sientas y sueltes la culpa que pueda acompañarte si has sentido esto alguna vez, porque la culpa es social, no es tuya:

* Está bien cambiar de opinión, de sentir, de pensar, de actuar.
* Tienes derecho a equivocarte, a decidir algo hoy diferente a lo de ayer, a salir de donde estás.
* De forma natural y biológica, todo empieza y termina, todo cambia, todo se transforma, y tú también.
* Tienes derecho a escucharte de verdad, a sentir de verdad, a vivir una vida plena, con el corazón vivo, despierto y latiendo, y salir de lo que ahora te apaga. El alma también enferma.

Y en medio del camino, amar poderosamente tu vulnerabilidad. Crecer es abrirte a ser vulnerable. Romper el molde de lo que te da seguridad para dar un paso en medio de la inseguridad hacia lo desconocido, que es donde ocurre la magia. Nada de eso sería posible si no te permitieras ser vulnerable. Mirarte sin capas, enfrentarte a tus miedos, ver tu verdad. La vulnerabilidad de saberte imperfecta, incompleta e insegura, y amarte ahí. Darte el permiso de querer lo que no sabes si quieres, de probar lo que nunca has intentado, de hacer lo que nunca has hecho. Y ahí, justo ahí se produce la magia del cambio: en tu desnudez simbólica que te conecta más que nunca contigo.

Permitirte tu vulnerabilidad
es invitarte a ser auténtica.

Para vivir una vida auténtica, es necesario que sueltes toda culpa a vivir el cambio, y te abras a ti y a todo lo que sientes para actuar en consecuencia. Es difícil, lo sé, pero más difícil es morir en vida, vivir sin sentir, vivir dándote la espalda a ti misma, o no escuchar lo que grita tu alma a través de tu cuerpo cuando no vives en sintonía contigo.

Vivir es cambiar, vivir es evolucionar, y vivir, por mucho que duela, también es dejar atrás.

Pero que eso que dejes atrás nunca sea a ti misma.

C uido lo que soy, lo que quiero y lo que siento.

A briéndome a todo lo que está por venir, sin miedo.

M irando hacia delante, agradeciendo hacia atrás.

B uscando en mí todos los recursos que tengo.

I nspirando a otras personas a hacerlo.

A mando cada parte del proceso, así como a mí misma.

R ecordando a cada instante que merezco vivir una vida auténtica.

13. LOS PERMISOS DE TU VIDA

- ★ Me doy permiso para ser auténtica.
- ★ Me doy permiso para cometer errores.
- ★ Me doy permiso para establecer límites.
- ★ Me doy permiso para tomar decisiones basadas en mis valores.
- ★ Me doy permiso para aceptarme tal como soy.
- ★ Me doy permiso para dejar atrás las expectativas de los demás.
- ★ Me doy permiso para expresar mi creatividad sin miedo al juicio.
- ★ Me doy permiso para aprender de mis errores y crecer con ellos.
- ★ Me doy permiso para vivir mis emociones, incluso las difíciles.
- ★ Me doy permiso para decir la verdad incluso cuando me duela.
- ★ Me doy permiso para solo querer conexiones auténticas en mis relaciones.
- ★ Me doy permiso para vivir en sintonía con mi propósito.
- ★ Me doy permiso para decir «no».
- ★ Me doy permiso para cuidarme.
- ★ Me doy permiso para expresar mis emociones.
- ★ Me doy permiso para pedir ayuda.
- ★ Me doy permiso para cambiar de opinión.
- ★ Me doy permiso para soñar y crear mis sueños.
- ★ Me doy permiso para amarme incondicionalmente.
- ★ Me doy permiso para celebrar mis logros.
- ★ Me doy permiso para perdonarme.
- ★ Me doy permiso para ser imperfecta.
- ★ Me doy permiso para dejar ir relaciones tóxicas.
- ★ Me doy permiso para explorar lo que no conozco.
- ★ Me doy permiso para tener momentos de paz y descanso.
- ★ Me doy permiso para expresar mis opiniones.

- Me doy permiso para celebrar mis diferencias.
- Me doy permiso para pedir lo que necesito.
- Me doy permiso para invertir en mi crecimiento personal.
- Me doy permiso para amar todo lo que soy.
- Me doy permiso para dejar de compararme.
- Me doy permiso para abrazar mi intuición.
- Me doy permiso para abrirme a la felicidad.
- Me doy permiso para vivir en el presente.
- Me doy permiso para dejar de aparentar.
- Me doy permiso para comenzar a cambiar lo que quiera cambiar.
- Me doy permiso para vivir desde el autoamor.
- Me doy permiso para crear una vida auténtica.
- Me doy permiso para...

Decepcionar a tus padres
(a tu familia, a la sociedad) es parte
del proceso natural de tu vida.
Tú no eres responsable de la imagen
que se crearon sobre cómo debías ser.

Tú simplemente ERES.

♥

14. VIVIENDO CON MALA CONCIENCIA

—Me encantaría hacer lo que estás haciendo tú, seguir tus sueños, vivir fuera, conocer gente, vivir la vida... Qué envidia.

—Tú también puedes, todos podemos si creamos las condiciones adecuadas.

—Ya, pero mis padres jamás me lo perdonarían. Bastante tienen con mi hermano, que va a lo suyo, y lo han pasado muy mal con él. A mí me necesitan aquí, cuidando de todos, ayudando en el negocio familiar.

—¿Y quién cuida de ti? ¿Y tus sueños, para cuándo? Quizá llegue un día en el que te des cuenta de que a veces hay que decepcionar a los padres para poder seguir nuestro camino. Ellos tienen su vida, y nosotros debemos tener la oportunidad de tener la nuestra. En familia, con amor, pero con la libertad de poder elegir sin miedo al rechazo.

—Es que yo no sé quién sería sin ellos...

—Bueno, quizá podemos empezar a trabajar por ahí.

Con Lucía, en sesión

Me encanta presentarte aquí este concepto que te puede resultar algo contradictorio en los contenidos de este libro. Vivir con mala conciencia; espero ayudarte a comprender el sentido que tiene esta frase y su aplicación en la construcción de una vida auténtica.

En constelaciones familiares, se nos invita a vivir «con mala conciencia», en lugar de vivir con buena conciencia. Y nada tiene que ver con hacer algo malo, trágico o agresivo. Pero seguramente en el proceso sí hay daño. Un daño necesario para el sistema familiar y su evolución.

Cuando vivimos con buena conciencia, significa que estamos haciendo lo que la familia espera de nosotros. Somos buenas, hijas perfectas que de alguna manera reproducimos en nuestra vida lo esperado, lo que se supone que tenemos que ser, y lo que la familia, en especial nuestros padres, siempre habían querido para nosotras. Si te suena, probablemente eres una buena hija, nieta, sobrina, hermana, que está viviendo una vida correcta para no alterar el sistema familiar y hacer cómoda la existencia a todos. Esto se premia socialmente, eres reconocida y valorada como hija, hermana, nieta o sobrina, y sin darte cuenta además te vuelves ejemplo para los demás. Sin darte cuenta entras en una encrucijada de la que es muy difícil salir, porque pesa: la responsabilidad, las expectativas, los deseos de los demás para ti, el rol, el lugar que ocupas, el ejemplo que das, y mucho más.

Vivir con buena conciencia es, en definitiva, vivir sin sentirte mal, pero vivir para lo que necesitan, desean y quieren los demás para ti.

Quizá después de leer esto ya no te parezca tan bonito, ¿verdad? Por eso la evolución hacia tu autenticidad pasa por vivir con mala conciencia, desde el amor y con amor y autoamor.

Vivir con mala conciencia es vivir desde lo que de verdad eres tú.

Normalmente son las personas de nuestra familia que han sido más complicadas, a las que llamamos «versos libres» o que viven con sus propias reglas, generando cierta incomodidad al sistema familiar, a veces incluso rechazo o exclusión, pero viven su vida desde lo que son, escuchándose a sí mismas, a pesar del precio que pagan, que suele ser alto. De alguna manera puedes sentir cómo se eligen a sí mismas y lo que quieren, sienten o necesitan, por encima de «agradar» a la familia o seguir el patrón familiar. Dependiendo de la familia a veces ese precio es la soledad, vivir la diferencia, la exclusión de la familia o el apoyo y comprensión en familias más flexibles.

De alguna manera, lo que es difícil a nivel familiar suele ser ejemplo de autenticidad de algún miembro.

Para hacértelo más visual, imagina que toda la familia está unida en una alfombra, en medio de una sala. Vivir con mala conciencia implicaría dar un paso al lado y salirte de esa alfombra para poder ser tú. Ese paso requiere de valentía, determinación y autoamor y, aunque no lo creas, las personas que lo hacen en la familia aportan, sanan y hacen evolucionar al sistema desde la incomodidad que generan.

No todo es tan fácil; según Bert Hellinger, reconocer los patrones y cargas emocionales familiares que llevamos nos llena de responsabilidad y culpa, y en ese «salirse de la alfombra» las personas pueden experimentar una especie de «evolución» emocional y espiritual al liberarse de las cargas que han estado llevando y permitirse, poco a poco, ser ellas mismas.

No has nacido para repetir lo que vivieron tus padres; has nacido para hacerlo diferente.

En nuestro camino a la autenticidad, este es uno de los pasos clave que tenemos que dar, siendo conscientes de que es posible que generemos algún daño al sistema familiar, sin embargo, necesario para la evolución. Obviamente si podemos dar pequeños pasos, con consciencia, paciencia y amor, hacia lo que verdaderamente somos, queremos y sentimos, generando el menor daño posible, mejor. Pero no siempre podemos elegir, y no olvides que hay almas que vienen destinadas desde muy temprano a crear esa disfunción en el sistema precisamente para hacerlo evolucionar.

Muchas de nosotras hemos sido a lo largo de nuestra vida el alma libre, el verso libre de la familia, la oveja negra y muchas otras cosas que resumían, en esencia, ser de alguna forma diferente a nuestra familia.

Elegir la libertad a los contratos en las relaciones o en el trabajo.
Elegir no ser madre por decisión propia.
Elegir vivir viajando o vivir fuera de tu país o ciudad.
Elegir una vida creativa en lugar de un trabajo «normal».
Elegir no tener pareja estable.
Elegir no seguir con el negocio o la tradición familiar.
Elegir vivir, en definitiva, una vida no convencional.

Todo esto pone a la familia en un lugar más o menos crítico, en función de cómo de evolucionado esté el sistema. A veces lo aceptan y respetan con facilidad, y otras veces lo viven como una deslealtad que de alguna manera castigan con la exclusión o rechazo (temporal o permanente). Si has vivido o estás viviendo esto ahora mismo, recuerda que todo es parte del proceso y estás (aunque no lo creas) ayudando a tu sistema familiar a que evolucione y sane. Te toca vivirlo con mucho autoamor, respetándote y acompañándote en tu decisión, tu necesidad y tu sentir, confiando en que el tiempo haga su trabajo y, como todo caos, se vuelva pronto equilibrio.

Enhorabuena por tener la valentía de escucharte y dar los pasos para vivir con mala conciencia creando una vida auténtica, a pesar del alto precio de tu decisión.

Estoy lista
para romper con la lealtad
que me separa
de mí.

15. AUTENTICIDAD, INTEGRIDAD Y HONESTIDAD

La autenticidad y la honestidad son fundamentales para una vida plena y significativa.

Clarissa Pinkola Estés

La autenticidad, la integridad y la honestidad están íntimamente relacionadas, porque todas ellas te conectan con tu verdadero ser.

La autenticidad es, entre otras cosas, ser fiel a uno mismo en cualquier circunstancia, conectada con tus valores y emociones, soltando las máscaras aprendidas que nos servían para encajar con los demás. Ser auténticos implica vivir de acuerdo con nuestros valores y principios, sin pretender ser lo que los demás esperan de nosotros.

La integridad es vivir siendo coherente entre lo que piensas, sientes y haces, incluso cuando nadie te observa. Va de ser honesta contigo misma, porque tus valores te guían, y tu vida es el mejor ejemplo de ello.

La honestidad tiene que ver con la transparencia en tu vida, mostrando lo que eres, piensas y haces sin miedo porque no tienes nada que ocultar. Implica que la verdad guía tu vida y tus palabras, lejos de engaños o manipulaciones. La honestidad nos permite construir relaciones honestas y sinceras.

Los tres conceptos comparten que están conectados contigo misma y con la coherencia. La autenticidad es la base de todos, ya que ser fiel a ti misma te ayudará a tomar decisiones desde tus valores, sin miedo, y a ser transparente con los demás.

Al vivir de forma auténtica, honesta e íntegra, vivimos de acuerdo con nuestra verdad y nos abrimos, a través de las relaciones honestas y auténticas, a oportunidades de crecimiento y transformación continuas, posibilitando esa vida significativa y plena que tanto anhelamos. Relacionarnos desde nuestra verdad. No hay más.

Aderezamos este eje con tres palabras que guíen nuestro camino de desarrollo: verdad, belleza y bondad. Tres palabras, valores, mantras, que siempre nos llevarán por el camino donde podemos ser nosotros mismos y vivir entregando lo mejor de cada uno, desde el corazón.

Para poder integrar estos conceptos en tu vida, puedes comenzar por estos pasos:

- Descúbrete, conoce cuáles son los valores que rigen tu vida, tus principios, tus innegociables, y desde esa consciencia (conocimiento) ya tienes el mapa de ruta para actuar, responder y tomar decisiones en tu vida.
- Cuanta más claridad tengas en tu lista de valores por prioridad, más fácil será para ti tomar decisiones coherentes.
- La honestidad empieza contigo: reconoce en ti los pensamientos y creencias que te acompañan en tu vida, aunque sean difíciles de afrontar. Ser honesta con lo que piensas es el primer paso para cuestionarlo y darle la vuelta, si es necesario. Y desde ahí, ser honesta con los demás.
- En tus relaciones intenta ser cada vez más honesta y transparente. A mí me ayudó en su día aplicar los tres filtros de Sócrates: verdad, bondad y necesidad. Con tres preguntas antes de hablar: ¿lo que vas a decir es verdadero?, ¿es amable y beneficioso?, ¿es necesario que comparta esta información? Esto te ayudará

a filtrar lo que dices, para conectarte con tu honestidad en tu comunicación.

★ Que la coherencia sea tu bandera. Pase lo que pase, intenta ser, actuar y vivir de forma coherente, porque te llenará de equilibrio interior y te hará sentir fiel a ti misma en cualquier circunstancia.

Haz tu listado ordenado de valores, los valores que mueven y guían tu mundo.

Mis Valores

Iniciativa Cortesía Creatividad
Convicción Respeto Acción Ética Perdón
Salud
Justicia Sinceridad Perseverancia Confianza Responsabilidad
Compasión Persona Autoestima Honestidad
Amistad
Conciencia Amor Paz Equidad Trabajo Actitud
Alegría
Solidaridad Templanza Libertad
Dignidad Autonomía
Independencia Innovación Diálogo
Generosidad
Esperanza Lealtad
Urbanidad Inteligencia Sociedad Fortaleza
Naturaleza Civilidad Cultura Escuela Tolerancia
Sabiduría
Comunicación Gratitud Familia Éxito
Felicidad Esfuerzo
Bondad Paciencia
Humildad Humanidad
Patriotismo
Adaptación Disciplina

El mundo necesita de todo eso
que has venido a darle.
El mundo necesita de ti siendo

Tú

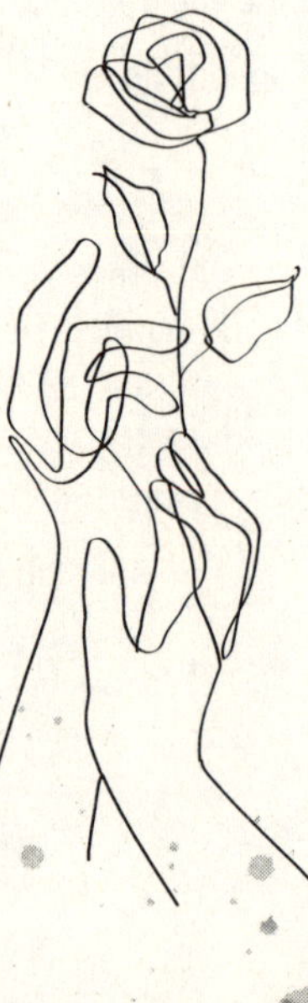

16. ERES UN ALMA BELLA Y ÚNICA

Eres perfecta en cada momento de tu existencia.

Ram Dass

No estás aquí por casualidad.

Estás aquí porque tienes algo por hacer, mucho por aprender y mucho por compartir.

Estás aquí porque había un lugar en el mundo que tan solo podía ser tuyo.

Conócete más.

Hazte espacio en tu vida.

Descubre tus dones, los talentos que en ti son únicos, la forma natural que tienes para embellecer el mundo.

Pon en valor el amor, la empatía y la compasión.

No dejes que la oscuridad del mundo llene tu alma, porque no has venido a eso.

Permítete caer, permítete romperte, pero recuerda siempre que eres luz.

Que el amor sea tu maestro y guie cada uno de tus pasos cuando no sepas adónde ir.

Que la empatía sea tu bandera y seas una influencia bella para quienes te conocen.

Que la compasión sea tu regalo y siempre puedas comprender a quien te dañó.

Pase lo que pase fuera, eres un alma bella y única.

Reconocerlo en ti te hará fuerte, y te ayudará a blindarte contra la energía que intenta arrastrarte tantas veces llenando tu alma de oscuridad y vacío.

Todo lo que puedes hacer es abrirte a todo lo que de verdad eres tú.

En esencia eres amor.

Cuando miras dentro eres amor.

Cuando miras la belleza eres amor.

Cuando te alejas del ruido eres amor.

Tu ser auténtico es amor, por lo tanto, amor es todo lo que tú eres.

No puedes alejarte de lo que eres por mucho ruido que escuches fuera.

Busca espacios para reconectarte contigo y volver a encontrar el camino a casa.

A ti.

Recuerda a lo que has venido.

Aléjate de lo que pretende silenciar tu alma y anestesiarte para que no hagas, para que no seas.

Acércate cada día un poco más a lo que has venido a hacer aquí. Aunque no lo sepas; solo escucha.

Recuerda que no estás aquí por casualidad.

Que todo lo que hay en ti es importante para el mundo.

Que todo lo que hay en ti es importante para mí.

Pon en valor todo lo que eres, amando todo lo que hay en ti y compartiéndote con el mundo, haciéndolo más bonito por el simple hecho de existir.

Cuando tú te permites ser, todo brilla.

Cuando tú te permites ser, todo se vuelve fácil.

Porque lo fácil siempre es del alma y lo difícil, de la mente, que pretende guiarte por el sendero de los miedos y *deberías*.

Cierra los ojos y repite esta frase:

Soy un alma bella y única.

A veces necesitas cerrar los ojos al mundo y abrirlos a ti para recordar tu camino.

El mundo necesita de todo eso que has venido a darle.

El mundo necesita de ti siendo tú.

Regálate un sí rotundo
a ti misma.
Sí a lo que sientes.
Sí a lo que piensas.
Sí a lo que eres.

17. GESTIONAR LAS CRÍTICAS PARA SER LIBRE

—Me da miedo exponerme, porque me van a criticar y no sé si estoy preparada para eso.

—Tú sabes que has venido a compartir tu mirada con el mundo.

—Sí, lo se. Pero me da miedo que me critiquen, no sé si sabría gestionarlo.

—Despertarás envidia, te criticarán y te admirarán a partes iguales. El problema es que los primeros se harán ver más que los últimos.

Conversación con Noelia en sesión

Si hay una cosa cierta, es que para permitirte de verdad ser auténtica tienes que estar preparada para las críticas.

En el momento en el que hagas algo que no sea lo normal, ya hay una opinión al respecto. De hecho, aunque hagas algo que sea lo normal, ya hay una opinión al respecto, pero nos afecta más cuando sabemos que hemos hecho algo que es diferente o disruptivo.

Siento que hay diferentes niveles en el acto de hacer algo diferente y que cada nivel tiene relación con la seguridad en ti misma y la autoestima. Los cuatro niveles serían:

1. Hacer lo normal (lo que hace todo el mundo y no cuestionas porque se hace así).
2. No hacer lo normal (dejar de hacerlo porque ya no te cuadra o no le ves sentido).
3. Hacer algo un poco diferente (hacer una versión propia de lo que se hace).

4. Hacer algo disruptivo (extremo: innovar, hacerlo a tu manera, ir por libre).

La seguridad que tengas en ti misma y tu autoestima tiene el poder de validar tu propio criterio, y por tanto tiene influencia en qué nivel te acoges y en cómo lo vives. Cuanta más seguridad en ti misma, más validación personal y más riesgo de irte al extremo de innovar. Y viceversa.

La crítica es solo una opinión de otro sobre algo. Normalmente es una opinión sin base, sin conocimiento contextual, sin información previa, en la que una persona se aventura a opinar sin saber. Lo peor es que le damos una importancia y una credibilidad mayor que a lo que piensas tú misma. ¿Por qué? Porque estamos acostumbradas a invalidar tanto lo que somos, sentimos y hacemos, que cualquier opinión de fuera es más importante. Esto es así hasta que dices basta. Este puede ser un momento perfecto para hacerlo, y para elegir que desde hoy, la opinión que tengas tú de ti misma sea infinitamente más válida que la de cualquiera, sea quien sea.

El otro día tuve una conversación con mi hija, cercana a los quince años en ese momento, que quiero traerte aquí. Me contaba que un adulto la había desacreditado delante de sus compañeros, riéndose de ella e invalidando lo que sentía. Me lo contó enfadada, diciéndome que no era la primera vez que lo hacía, pero que a ella no le importaba porque ella sabía cómo estaba y eso era lo importante. Yo iba conduciendo y le dije: «Norah, no importa quién sea la persona, un profesor, tus padres, tu futuro jefe, un novio o un ministro; nadie tiene derecho a tratarte mal, a hablarte mal, a faltarte al respeto, ni ahora ni nunca, y quiero que esto lo tengas muy claro». Quizá hablaba mi adolescente interior, también herida y con la culpa como compañera de viaje, que necesitaba gritarlo. Quizá hablaba la madre protectora. Lo cierto es que fue la respuesta que me salió, aunque sé que ella sabe cuál es su lugar y es más auténtica de lo que fui yo a su edad. Pero siento que todo es poco para lo que le espera en el mundo...

Solo cuando aprendamos a gestionar las críticas de nuestra vida, seremos libres. Mientras no lo hagamos, seguiremos encadenadas a la opinión externa, y eso nos deja poco margen de movimiento. Aceptarlas, restarles validez y aprender a recibirlas es parte de esa liberación para permitirte ser auténtica y, en esencia, SER.

Es posible aprender a vivir con las críticas de nuestro día a día, llenarte de autoamor y tener confianza en tus propias decisiones y acciones. Es importante sentirte segura de ti misma, dando más valor a tus opiniones que a las de los demás. Quizá ese es el verdadero reto.

Algunas claves para gestionar mejor las críticas:

- ★ Reconocer cómo te hacen sentir, descubrir qué miedos y creencias hay en ti que se te activan con esas críticas, y abrazar lo que sientes en cada momento.
- ★ Recuerda por qué has tomado esa decisión, por qué lo hiciste o por qué lo dijiste. Da valor a tu decisión y respeta tu necesidad. Es lícito que tus necesidades y decisiones cambien.
- ★ Elige qué quedarte de lo que te dicen, si lo hay. Las opiniones externas no siempre están bien formuladas. A veces están creadas para dañar, pero hay algunas constructivas que pueden mostrarte algo que no ves, y de todo se aprende.

- ★ No te tomes las críticas de manera personal: sabemos que el juicio habla más del que lo dice que de a quien va dirigido, entre otras cosas por el mecanismo de proyección del ego.
- ★ Cultiva el autoamor en todo momento, respétate y escúchate, y elige rodearte de personas que validen cómo eres, incluyendo tus cambios, y que sean libres de regalarte su mirada con respeto y te ayuden a crecer desde el amor.
- ★ Sé amable contigo misma y date el tiempo y el espacio para incorporar tu nueva versión en tu vida, y dale ese tiempo y espacio también a tu entorno.

Asume la posibilidad de ser criticada por ser auténtica, por salirte de las líneas marcadas, por hacerlo diferente al resto, con otros tiempos, de otra forma, con otro color. Eso no es mejor ni peor, es vivir en coherencia con tu alma, y, si para ello el precio que tienes que pagar es que te critiquen, quizá esa crítica de alguien que no sabe lo que vives ni siente lo que tú sientes sea el precio de tu libertad. Reduce la importancia que le das a esa crítica y dale más valor al regalo que es poder vivir tu vida siendo tú.

Ser auténtica significa tener
el coraje de abrazar tu verdad,
incluso cuando el mundo
te critica por ello.

18. TUS GRANDES SUEÑOS

Cada vez que lo consideres necesario, enciende un sueño y déjalo arder en ti.

William Shakespeare

Este es un llamado para que recuerdes no olvidar tus grandes sueños.

Esos que alguna vez dejaste por el camino porque alguien no los creyó posibles.

Quizá esa persona fuiste tú misma, no importa. Es el momento de volver a mirarlos con ojos diferentes.

Los ojos de posibilidad. Los ojos de creer fuerte en ellos y construir el camino para hacerlos realidad.

Podría contarte muchas cosas, como por ejemplo, que un día soñé en grande y no me creyeron, y hoy tengo mis libros distribuidos por muchos países, incluso algunos de mis libros son best sellers. A nivel lógico, no tiene mucho sentido: una persona sin precedentes familiares ni contactos editoriales consigue que le publiquen el primer libro en una de las editoriales más poderosas del mundo, eso ya es un logro que supera cualquier sueño. Pero hoy en día, el sueño crece y crece, y este que tienes en tus manos sería mi libro número diez. El anterior, *Confía*, fue publicado en España, EE. UU., México, Perú y Colombia. Y vendido en muchos países más. No tiene lógica, pero la realidad a veces tiene eso: te hace creer en la magia, en los sueños y en los milagros, y es algo tan bello y poderoso que no podemos olvidarlo. Así vivo mi vida, como si fuera un sueño hecho realidad.

He aprendido a creer tan fuerte en mis sueños que ya nada me parece imposible, o muy pocas cosas.

Decía Albert Einstein que «hay dos maneras de vivir la vida: una como si nada fuera un milagro, la otra es como si todo fuera un milagro». Y yo he aprendido que hay dos tipos de personas: las que creen que nada es posible, y las que creen que todo es posible. Y en medio las personas que creen a veces, si tienen todas las opciones consigo. Es una forma muy condicional de creer, pero encuentran más seguridad ahí.

Cuando vives creyendo que nada es posible, ¿cómo vas a soñar? ¿Para qué? No tiene sentido. Vives ajustando tu vida a lo que crees posible, como si esa realidad percibida fuese la caja en la que tienes que ajustar cada movimiento, cada posibilidad, cada deseo. Es una vida aparentemente segura y estable, en la que ni se te ocurre levantar la cabeza y desear más porque tú misma te dices que no es posible antes de intentarlo. Aquí están funcionando activamente los mensajes, patrones y condicionamientos familiares y de tu entorno. Para tomar conciencia pregúntate: ¿qué pensaban mis padres sobre creer en los sueños? ¿Valoraban más lo conocido o eran de arriesgarse? ¿Qué decían cuando alguien rompía con su vida para construir su sueño? Y una pregunta más: ¿tú eres así o sus mensajes te han calado tanto que nunca te has permitido soñar porque ni te lo has planteado? Y si fuese posible conseguirlo, ¿qué querrías?

Soñar es un motor en nuestra vida que nos mantiene despiertos, conectados y motivados para seguir adelante, avanzando y creciendo.

A veces tenemos crisis de sueños, épocas en las que se nos olvida soñar o no podemos, y esto es normal.

Pero recuerda que la vida es lo que hay entre un sueño y otro; por tanto, acuérdate de darle espacio a los sueños en tu vida, y que tus sueños sean auténticamente tuyos, y de nadie más.

El mundo que hable;
tú enfócate en tu
brillo.

19. REIVINDICA TU PODER

Reivindicación

Reivindico el derecho a perderme todas las veces que quiera,
aunque eso no se elija.
A cambiar de rumbo cuando lo que esté viviendo
ya no me emocione,
me ilusione o me haga sentir viva.
Mi derecho a morir muchas veces en la misma vida,
para volver a empezar.
Y otra vez, y otra.
Como si nos regalásemos el derecho a nacer muchas veces,
libres de miedos y llenos de nuevos comienzos.
Reivindico mi derecho a romper con mi pasado
porque ya no refleja quien soy.
Mi derecho a decepcionar a todo el mundo,
para que dejen de esperar de mí lo que no soy.
Mi derecho a ser quien quiero ser, más allá de quien era,
de quien creía ser y de quien el mundo espera que sea.
Me libero de toda carga que el mundo me ha puesto
y que yo creí que debía llevar,
y desde este momento
comienzo
a
volar.

Texto de *Palabras para encontrarte 2*

LAURA CHICA
Confía
TODO ESTÁ BIEN

20. TODO ESTÁ BIEN

—No puedo hacerlo.

—¿Qué no puedes?

—Parar. No puedo permitírmelo. Nadie lo entendería, y yo tampoco sé estar sin hacer. Llevo trabajando sin parar desde hace veinte años.

—Te entiendo perfectamente. Sin embargo, tu cuerpo te está hablando, se siente cansado, quizá de tanta exigencia y presión. Tu alma te está gritando que necesitas espacio, tiempo de descanso, quizá para coger fuerzas y volver con energía. Si lo estás sintiendo, tienes que aprender a hacerte espacio y hacerte caso, antes de que sea tarde. Si no escuchas, tu cuerpo hablará por ti, a través de una enfermedad o un dolor emocional.

Siéntete, escúchate y respétate.

Todo está bien.

Todo está bien.

Esta frase, como sabes, es la frase mantra que me acompaña desde hace años en mi cuerpo en forma de tatuaje, y además el subtítulo de mi libro *Confía*, por tanto, no es nada nuevo que te escriba esto en este libro. Pero tenía que estar.

Tenía que estar porque en tu proceso de ser tú, todo está bien.

En este caso, quizá la frase tiene un sentido menos profundo a nivel espiritual, pero muy profundo a nivel de permisos para ser tú en esencia, y no es menos importante.

En tu camino de conexión contigo y de ser auténtica, necesitas soltar los condicionamientos externos para quedarte con lo que de verdad es tuyo, lo que de verdad eres tú. Para ello la referencia única que puede inspirarte eres tú misma. Sí que es cierto que cuando ves a otras personas permitiéndose ser ellas mismas, también te das de alguna manera ese permiso; por tanto, todas nos inspiramos mutuamente, y eso es precioso. Partiendo de esa autorreferencia, todo está bien en ti si es lo que estás necesitando, porque eso es permitirte la autenticidad también en lo que sientes, haces y vives.

Ayer tuve una sesión con una mujer que llegaba a mí por otro tema, y al preguntarle: «¿Cómo estás?», me dijo: «Triste». Al profundizar, me contó que días antes había sufrido un aborto, y lo estaba llevando mal. Resulta que, al día siguiente de la intervención, estaba trabajando, para estar ocupada y no pensar. «Y no sentir», le dije yo. Esto es más normal de lo que pensamos. Socialmente hemos comprado esta idea de tapar para no sentir, como si al no sentir eso se diluyera y pasáramos página. Lo que de verdad ocurre es que al no darnos espacio para sentir y —en este caso— vivir el duelo con todas sus fases, eso se queda ahí, enquistado, latente, esperando el más mínimo bajón para salir a borbotones. Ser auténtica es permitirte sentir lo que sientes, sin miedo, sin juicio, sin tapar nada, comprendiéndote en cada parte de tu proceso, dándote lo que necesitas y dándote el permiso de pedir lo que necesitas a tu entorno, especialmente en los momentos difíciles, como este. Todo está bien en ti, y todo lo que sientes, también.

En *Autoamor* te hablaba mucho de la importancia de validar lo que sientes, aunque desde fuera recibas lo contrario. «Me estoy sintiendo triste, y está bien». Es un buen comienzo para empezar a relacionarte con la tristeza en un momento así. Permitir que esa tristeza te transforme, te actualice y te aporte lo que tiene para ti es parte del proceso de sentir. Permite a las emociones hacer su trabajo en tu cuerpo, en tu alma, recordando que eres un ser sintiente que piensa, y no lo contrario.

Todo está bien también cuando eliges no hacer lo que se supone que debes hacer, o incluso hacer algo que estás necesitando, aunque nadie lo entienda. Aquí entran ejemplos drásticos como cuando algo en ti necesita romper con la vida que ha comprado, lo vendes todo y te vas a vivir a Bali. Más allá del concepto romántico de ese destino, quizá detrás de eso hay una persona que ha llegado al límite de su entrega, que se sentía encerrada en su propia vida y no sabía cómo cambiarlo gradualmente, y que incluso su salud mental y física peligraba por la ansiedad o depresión que tenía y que había normalizado: vivir con pastillas para soportar su propia vida. Y una decisión, por muy drástica que te parezca, la ha salvado, y además la ha llenado de fuerza, de energía, de vida, de ganas de seguir, y eso, querida, no tiene precio. El coste a veces es muy alto, como dejar atrás tu vida, tu familia, tu hogar, tu zona de seguridad, pero si el beneficio es aferrarse a la vida, me parece barato.

Ser fuerte no significa ejercitar los músculos o la flexión. Significa encontrarse con lo luminoso de una sin huir, viviendo activamente con la naturaleza salvaje de una manera propia. Significa ser capaz de aprender, ser capaz de sostener lo que sabemos. Significa sostenerse y vivir.

Clarissa Pinkola Estés

Y en un ejemplo menos drástico, mi propio momento presente, mientras te escribo. Llevo casi dos años al veinte por ciento de mi actividad profesional, con alto bienestar cuando estoy en mi casa, y cierta ansiedad cuando tengo que viajar o trabajar fuera, eligiendo de forma consciente decir no a proyectos que me requieran exposición y priorizando mi calma, paz y tranquilidad. No es normal en mí: mi trabajo, además de escribir, es formar a equipos en empresas, dar conferencias y acompañar a líderes por todo el país. Sin embargo, tomé conciencia hace un tiempo de que en este momento de mi vida simplemente no me apetecía llevar mi ritmo normal. Al principio me sentía mal, como si estuviese haciendo algo mal, decir «no» a trabajos, sabiendo que desde hace veinticinco años yo vivo de mí. Poco a poco me fui comprendiendo y acompañando, respetando el momento en el que estaba, comprendiendo que era un tiempo concreto, que necesitaba otro ritmo en mi vida para sanar otros temas, y que este tiempo al veinte por ciento luego me iba a aportar una energía extra para seguir adelante haciendo lo que hacía, u otra cosa. Y ahora, casi dos años después, sigo más o menos igual, me he abierto a algunos proyectos nuevos, pero sigo priorizando mi tiempo en casa, mi paz, mi bienestar, confiando en que en algún momento sienta que ya es momento de salir de mi cueva de *reset* para seguir con mi exposición al mundo. O no. ¡Quién sabe! He aprendido que todo está bien, que los tiempos que necesito, los permisos que me doy y los momentos con diferentes necesidades son parte del mismo camino porque no somos máquinas, somos humanas. Que a veces estamos más sociales, y a veces todo lo contrario. Que vivir implica principios y finales, cambio y evolución. En este momento no sé qué haré, pero amo ese no sé como parte de mi camino, y todo está bien.

También forma parte de ser auténtica respetar tus necesidades cambiantes, ser fiel a lo que necesitas y sientes y, en la medida que puedas, dártelo. Cambiar de ritmo, cambiar de música o cambiar de camino, para sentir que está en coherencia contigo en cada momento.

Todo está bien en tu camino y en ti.

Yo soy mi propio camino

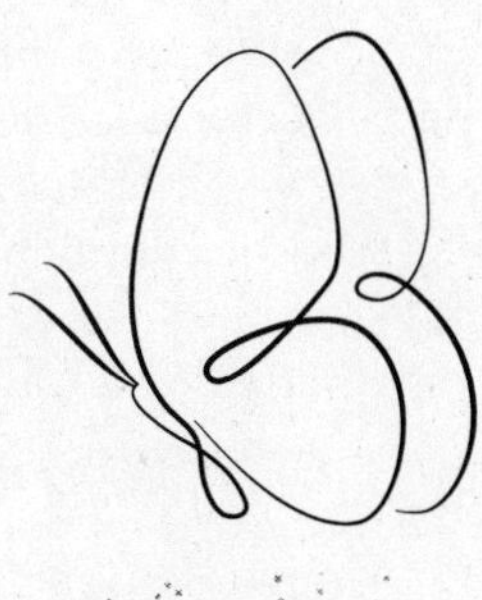

Justo eso que te quieres quitar
o rechazas de ti
es lo que tienes que mirar
y amar.

21. INCLUYE TODO LO QUE ERES PARA AMARTE

—Te amo. Pero te amo a ti, a la Laura persona,
no a la Laura profesional; de tu parte profesional
no quiero saber nada.
—¿Cómo que me amas a mí, pero a mi parte profesional no?
Yo soy todo, la parte humana y personal y la parte profesional.
Yo necesito que me ames entera; lo otro no es amarme,
ni yo quiero eso para mí.

Conversación real

¿Te imaginas tener una relación con una persona y decirle que la amas a medias? ¿Qué crees que haría? Probablemente salir corriendo. Nadie quiere estar con una persona que la ame a medias; sin embargo, tú estás contigo y sí te amas a medias.

Es como estar usando el cincuenta por ciento de tu poder porque estás rechazando el otro cincuenta. Mientras no te sientas completa, coherente, plena y en equilibrio, es muy difícil que puedas sentirte auténtica. La autenticidad requiere integración. Integrar todo lo que eres para amarte con todo lo que eres. No vale dejar partes fuera. No vale no querer mirar lo que no te gusta. Ni esconder tu sombra porque es incómoda. Todo esto es rechazarte, y como te contaba en *Autoamor*, rechazar una parte de ti es rechazarte entera. No se puede amar a medias, porque eso es el amor condicional en el que hemos sido educadas. Me amo si lo consigo. Si pierdo peso me amaré más. Si no miro esta parte de mí, estoy bien. Si no afronto esto que siento, estoy mejor. Si me hago este retoque, me quiero más. Y en ese momento, el «si» se vuelve condicional de tu propio amor, de tu amor propio, del amor que tendría que brotar a borbotones desde lo más profundo de ti, y que así lo hace, pero cuando pasa por el filtro de tu mente se diluye, se hace pequeño, dando prioridad a lo que debería ser frente a lo que es realmente. Y hoy quiero decirte que mereces amarte entera, con todo lo que eres, por dentro y por fuera, incluyendo todas las partes de ti en ese amor puro y verdadero, especialmente las que más te cuesta mirar. Amarte desde donde no te amas, amar lo que nadie ha sabido amar. Esa es la inclusión que mereces en tu propia vida.

Desde ahí, te vuelves poderosa. El poder bello que te da sentirte entera, sentirte contigo, y no amándote a trozos como quizá hiciste siempre. El poder de ser un todo contigo, completa, plena y en coherencia con tu ser, con una mirada amorosa a tu propio cuerpo y a tu alma, abrazando todo lo que eres. Todo un reto, lo sé, especialmente porque hay que ser muy valiente para abrazar el dolor, la tristeza o la falta de amor. Y también para mirarte al espejo y amar todo lo que ves. Pero es el camino hacia la autenticidad: sentirte agradecida, feliz y bendecida por todo lo que eres, incluyendo todas las partes de ti.

Ahora te veo.
Ahora puedo ver todo lo que hay en ti
y agradezco cada parte de ti.

(repítelo mirándote al espejo)

Justo eso que te quieres quitar o rechazas es lo que tienes que mirar y amar.

Duele para ser visto.

Cuando uno incluye, libera.

Todas mis partes quieren hacer algo bueno por mí.

Puede ser que en mí aún no esté el registro de amar lo que soy, amar mi esencia y mi naturaleza.

Incluir todo lo que eres también hace referencia a aquello que te duele de tu historia, tus miedos, el rechazo que recibiste o si te sentiste aislada. Todo es parte de quien eres hoy, y solo abrazándolo todo puedes abrazarte a ti y permitirte ser auténtica. Para ello te invito a visitar a tu niña interior, o quizá a tu adolescente interior, que tras esa vivencia se quedó con ese dolor y nunca pudo soltarlo. Ese dolor vive en ti y te cuesta mirarlo, por eso aún te afecta tanto, y si te acercas, duele. Acércate y cuéntale que ya estás aquí contigo, que desde este momento ya estás segura, y que todo está bien. Con esas vivencias tan difíciles en tu historia es normal que te cueste incluirlo todo, pero ya estás aquí. Con todo lo que sabes hoy, y con esta mirada respetuosa y amorosa a ti misma y a tu historia, puedes hacerlo; mirarte diferente, comprenderte y acompañarte para sentirte segura. Y en este momento, incluirlo todo para amarte.

En este momento estás siendo auténtica contigo, porque amarte sin rechazar partes de ti es de personas valientes y auténticas. Y así, cada día un poco más.

Estoy muy orgullosa de ti. Gracias por hacer este camino juntas.

Dentro de mí bailan todas mis partes.
Cada paso es una nota,
cada movimiento es una pincelada
en el lienzo de mi ser.
Todo se une en una danza sagrada
de aceptación y autoamor.
En este baile, descubro la belleza
de la integridad,
donde cada fragmento de mí encaja
en la coreografía de mi existencia,
sin dejar nada fuera,
creando una melodía única
que no se parece a otra:
la esencia de quien soy.

22. TIENES PERMISO PARA RETROCEDER, PARAR Y PENSAR

—Siempre me han dicho que para atrás no hay que ir ni para coger impulso.

—A veces hay que visitar el pasado y mirar las cosas con otros ojos, y aprender de él. En el pasado está lo que fuiste, y eso te ha traído aquí. Honrar tu camino implica agradecer hacia atrás, amar lo que eres hoy y mirar con ilusión lo que está por venir. Y en el camino, a veces pararte, retroceder y mirar todo con otros ojos para hacerte crecer.

Siempre que escucho esa frase popular de «para atrás ni para coger impulso» tengo que intervenir y compartir con esa persona o grupo la otra mirada: ¿qué tal si aprovechamos ese retroceder para mirarlo todo diferente, con los ojos de hoy? El aprendizaje puede ser maravilloso.

Y es que socialmente está muy penado todo lo que no sea ir embalado hacia delante sin descanso, lo cual ni es sano ni humano. Primero porque no podemos estar el cien por cien de nuestra vida con la misma energía, segundo porque no siempre tenemos la misma claridad, y tercero porque no siempre tenemos que saber adónde vamos, y todo es parte del camino. Pero nos guste o no, vivimos en esa realidad, en la que no se entiende que necesites parar en esta carrera de tu vida, pensar, repensar, redireccionar y mucho menos retroceder. En realidad, nadie retrocede, porque, aunque vuelvas a algo que tenías antes (al trabajo que dejaste, a la relación que terminó o a tu casa anterior), nada es un retroceder, porque vuelves a lo de antes, pero tú eres diferente, por tanto todo es avanzar. En este caso el reto está en vivir «lo de antes» con tu nuevo yo. Todo es siempre aprendizaje y evolución.

Y en este momento si así lo sientes, puedes darte el permiso de pensar, pararte o retroceder, si así lo necesitas.

Pensar lo que estás haciendo, el lugar al que te diriges, y elegir si quieres cambiar de dirección, de lugar o de plan.

Pararte si necesitas coger aire, reconectar contigo o simplemente respirar.

Retroceder si el camino que estabas transitando no era para ti, o si quieres volver a lo de antes para volver a elegir tu camino.

Porque tu vida es tuya, y solo tú sabes qué necesitas, qué sientes, qué pide en este momento tu corazón. Solo tú —si te dejas sentir— puedes saber qué necesita tu vida en este momento. Quizá parar, respirar y sentir qué quieres. Quizá pensar si vas en la dirección correcta y seguir adelante o redireccionar tu rumbo. Quizá retroceder porque el sentido elegido no te hacía feliz.

Todo está bien en tu camino mientras tu camino esté lleno de ti.

Darte estos permisos al margen de lo que tu entorno piense o te exija es ser auténtica contigo.

Con estos permisos, la próxima vez que necesites respirar, parar, sentirte y redireccionar, hazlo desde un lugar de consciencia y autoamor, confiando plenamente en esas paradas como parte del camino, y silenciando cualquier ruido externo que se acerque a la culpa.

Haz que tu camino también sea un camino auténtico.

Me acompaño a vivir mi evolución,
todos mis cambios,
mi camino hacia mi autenticidad.

Me acompaño cuando mudo mi piel,
cuando suelto lo que ya no me sirve,
cuando me quedo desnuda y no sé quién soy
—y ahí sé que estoy lista para ser—.

Me acompaño al sentir mi verdad.
Le doy voz a mi alma
y aprendo a escuchar lo que soy.
Me acompaño a vivir con el ritmo de la vida,
siendo pura, verdadera y salvaje,
acompasando mi ritmo con mis pasos
y mi voz con mi corazón.
Me acompaño a crear cada día mi camino
lleno de verdad, lleno de mi voz y vacío de silencios,
cambiando el miedo por determinación
y la inseguridad por alas y libertad.

Me acompaño y ya no me suelto,
porque en este camino he aprendido
que ser yo
es mi mayor
verdad.

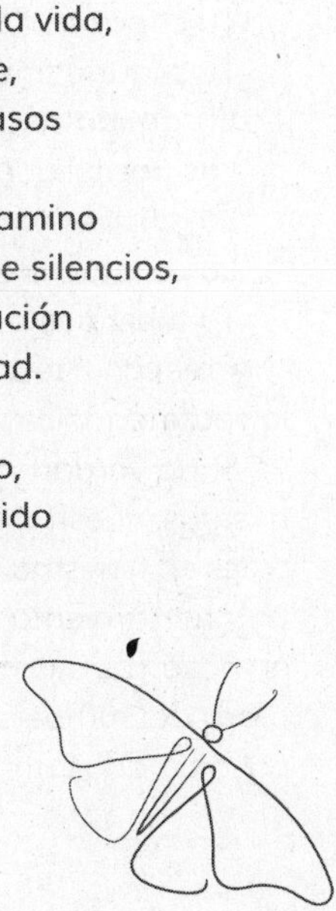

23. CREE EN TI

Nunca dejes que nadie te diga que no puedes hacer algo, ni siquiera yo, ¿vale? Si tienes un sueño tienes que protegerlo. Las personas que no son capaces de hacer algo te dirán que tú tampoco puedes. Si quieres algo, ve a por ello y punto.

En busca de la felicidad

La verdadera magia es creer en ti misma. Cuando eres capaz de creer verdaderamente en ti, en todo lo que eres y en todo lo que puedes, ocurre la magia en tu vida.

Tu vida se expande.

Tu capacidad aumenta.

Tu seguridad crece.

El camino se abre.

Las posibilidades se multiplican.

Lo difícil se torna fácil.

Los obstáculos se reducen.

Tu fuerza se multiplica.

Creer en ti te conecta con tu autenticidad, porque te da la fuerza, la seguridad y la valentía que necesitas para descubrirte.

Si de verdad nos hiciéramos este regalo de creer en nosotras mismas, nuestra vida cambiaría para siempre. ¿Cuánto sientes que crees en ti misma? En mis conferencias a veces llevo el «creómetro», una herramienta que me inventé para identificar cuánto creemos en nosotros mismos. Los resultados son normalmente bajos. En un aforo de 300 personas, un 15 % cree en sí mismas entre 0-2 (muy poco o nada), un 15 % cree en sí mismas entre 4-5 (mucho) y, efectivamente, un 70 % cree en sí mismas un 3 (tipificado como «ahí vamos»). Es decir, que de cada 10 personas, 7 creen en sí mismas a veces, a ratos, días sí y días no, y dependiendo del tema. A mí esto me parece relevante, porque refleja lo que vemos en el mundo, en nuestro día a día, y, sobre todo, el autoboicot que nos hacemos como personas. Te lo explico mejor.

Resulta que tienes infinitas capacidades, habilidades y talentos. ¿Cuántos? Muchísimos. Ve describiéndolos: eres amable, bondadosa, resolutiva, entusiasta, te ilusionas, tienes empatía, te expresas bien, tienes iniciativa, te gusta inventar cosas, eres creativa, gestionas bien el cambio, eres cercana, cariñosa, afable, te gusta conectar a la gente, inspiras, ayudas, facilitas la vida a los demás, eres compasiva, te gusta atender y cuidar, eres verdadera... Podría seguir indefinidamente.

Tienes todo esto en ti, además de un trayecto profesional de años, gran experiencia en uno o diferentes campos, formación extensa, sigues leyendo, formándote y te preocupas por estar al día. Te relacionas con personas que suman a tu vida, y tú sumas a la de ellas. Tienes ganas, actitud, ilusión y voluntad, y un compromiso por dar lo mejor de ti.

Ahora mete todo esto en un botecito, agítalo y haz un cóctel. ¿Qué sale? Sale oro, sencillamente, oro. Y ¿qué ves tú? Nada. Ves ese 0-2 de creer en ti. O ese 3 de «ahí vamos».

Así somos con nosotras mismas.

Es el momento de mirar con ojos de amor todo lo que somos, para ser auténticas.

Es el momento de reconocer nuestro valor, nuestra historia, nuestro esfuerzo y nuestro camino.

Cada experiencia de tu vida es una superación, un obstáculo

gestionado, un aprendizaje en tu camino. Ponte en valor. Honra todo lo que eres, todo lo que sabes, todo lo que eres capaz de hacer. Querida, CREE EN TI. Regálate ese permiso, desbloquea esa prohibición, gestiona tu humildad malentendida, y cree con todas tus fuerzas en todo lo que eres.

Es el momento, y yo estoy contigo.

No se trata de ser
perfecta, sino de ser
tú misma
auténtica

Basta.
Basta de no saber quién soy.
De ser quien no soy
y de no ser quien de verdad soy.
Basta.
Basta de esconderme en tu opinión
y en lo que esperas de mí,
rechazando mi verdad para amar la tuya,
poniendo capas a mi sentir
para encajar en lo que esperas de mí.
Basta.
Mis sueños gritan y mi corazón se apaga
cada vez que no me escucho, que me escondo
y que intento ser quien no soy.
—Para que me quieras—.
Dejar de quererme yo para que me quieras tú;
pésima ecuación.

Basta.
Ya estoy aquí para hacerme espacio.
Para descubrir quién soy.
Para abrazar cada parte de mí, tal y como es.
Cambiando encajar por permitirme ser.
Ocultarme por abrazarme.
Y buscar que me quieran, por quererme yo.
Me elijo.
Me doy espacio.
Me escucho.
Me permito ser.
Me respeto.
Estoy conmigo.
Me permito ser auténtica.

24. SUELTA CON AMOR LAS LEALTADES FAMILIARES

—No lo intentes. Eso no es para ti. Eso es para otros.
—Entiendo que tus palabras intenten cuidarme, mamá.
Pero siento que sí es para mí. Quiero intentarlo, quiero hacerlo.
Entiendo que vosotros no pudisteis; eran otros tiempos.
Y gracias a eso yo estoy aquí siendo yo. Pero ahora estamos
aquí, y en este momento se me presenta esta oportunidad y
quiero intentarlo, porque siento que puedo y lo merezco,
y así demostraros que podemos ir más allá, juntos.

No puedo contarte con exactitud el momento en el que sentí que estaba trascendiendo los límites invisibles que vivían en mi sistema familiar, porque, sinceramente y sin miedo, puedo decirte que sé que he venido a eso. La oveja descarriada que se la llama a veces, el verso libre que me gusta llamarlo a mí. Eso soy y eso amo ser: el verso libre en un poema en el que todo es perfecto, y es justamente ese verso libre el que abre un nuevo poema con un ritmo, tono y significado diferente, en este caso sin límites.

Eso quiero ser con relación a mi familia y abriendo un nuevo poema a mi hija, con menos condicionamientos y más comprensión y libertad de ser.

Sí hubo un momento clave en mi vida en el que sentí que estaba rompiendo esa lealtad al sistema de mi familia, sin darme cuenta, sin saberlo, sin intención y sin expectativa: cuando decidí divorciarme. Ojalá no hubiera tenido que hacerlo, pues en mí vive un alma libre, pero con mucho amor al vínculo, y me habría encantado estar para siempre con la persona que elegí. Sin embargo, visto trece años después, siento que saber poner fin a algo que no te hace bien, que te hace pequeña y te limita en tu evolución, que te deja sin autoestima y sin autoamor es de valientes. Hoy me doy las gracias por ello, pero sobre todo por mi capacidad de atravesar, con mucho dolor y también autoamor, el límite invisible que mi sistema familiar me imponía, sin saberlo, por tradición familiar: «Aunque no seas feliz tienes que quedarte donde estás».

Mi esencia es irme de donde no estoy bien, por ello salí de esa relación. Mis padres, en ese momento, no me lo perdonaron. No podían comprenderlo, no lo compartían, porque en su «tradición inconsciente» de su propia experiencia, sus padres, sus abuelos, en el matrimonio había que aguantar todo, había que quedarse. Tras mi decisión irrevocable, nuestra relación cambió durante un tiempo: algo que no puedo juzgar. Desde su mirada (que no venía de ellos, venía del aprendizaje de su vida), yo estaba haciendo algo mal. Desde mi mirada, no entendía que mi felicidad no importara. Que importara más un papel firmado. Que fuese más importante hacer un teatro de cara a una niña que ser honestos y coherentes. Que importara más el compromiso del matrimonio que la felicidad. Entonces entendí que en ese proceso iba a estar sola, porque mi familia estaba limitada en su mirada. Y sola, afronté mi decisión. Ahí sufrí mucho, pero también aprendí mucho. Entre otras cosas, que estaba rompiendo algo más grande que mi matrimonio. Estaba rompiendo unas cadenas invisibles de lo que debía ser, lo que estaba permitido en mi familia, lo que yo aceptaba con fe ciega sin cuestionar si eso estaba bien para mí.

Yo me transformé. Mi familia se transformó. Ahora me siento muy libre, y ellos han aprendido a amar mi libertad. Es un proceso que comienza rompiendo límites, soltando *deberías*, y cuestionando verdades. Y no te voy a engañar: hay que ser fuertes, especialmente para saberte sola con tu verdad en medio de un mundo que te dice lo que debes sentir y cómo debes actuar.

No hay peso más grande para un hijo que una vida no vivida de su padre o madre.

Carl Jung

Esta frase de Jung me remueve por dentro. ¿Puedes imaginar cómo es vivir encadenada a algo que no ves, pero no te deja volar? Esas son las lealtades familiares.

Algunas de las ideas y preguntas inconscientes que nos dirigen desde la lealtad son, por ejemplo:

- «¿Cómo voy a ser yo feliz si nadie en mi familia lo ha sido?».
- «¿Cómo voy a abrirme a la abundancia si en mi familia nadie tiene nada?».
- «Si en mi familia todos viven al día económicamente y tienen deudas, ¿quién soy yo para tener abundancia económica y prosperar en la vida?».
- «No puedo permitirme tener más éxito que mi padre».
- «Si mi madre, mis abuelas y mis ancestras han tenido relaciones tormentosas o llenas de desconfianza y traiciones con sus parejas, ¿quién soy yo para tener una vida llena de amor, confianza y paz?».
- «No puedo permitirme ser más feliz que mi madre».
- «Si mis padres no han tenido un amor bonito, ¿cómo voy a tenerlo yo?».

Y así, muchas preguntas y afirmaciones inconscientes que nos invaden, nos acompañan, nos guían, nos limitan, y que (lo más importante y peligroso) no sabemos ni que están, ni de dónde vienen; solo podemos ver el resultado que provocan en nuestra vida.

Quiero contarte algo para que te puedas comprender mejor: todo viene del amor. Del amor malentendido, pero del amor, al fin y al cabo. La manifestación de la lealtad familiar es todo eso que somos y hacemos (de manera inconsciente) buscando el amor y la aceptación de nuestra familia, de las personas y del sistema al que pertenecemos. Bert Hellinger, el más estudioso en este tema, decía que las lealtades invisibles hacen que una persona se mantenga dentro de su sistema familiar, repitiendo la misma historia, generación tras generación. Y no lo vemos. Y no nos damos cuenta. Solo podemos ser conscientes de cuáles son esas lealtades que nos rigen observando nuestra propia vida.

Nuestra más profunda necesidad es pertenecer. Sentirnos parte de algo, en este caso nuestra familia, y desde que nacemos haremos cualquier cosa por sentirnos parte de ella sintiendo, pensando y haciendo parecido a ellos, y a la vez, buscando aceptación y amor de su parte siendo fieles y leales a sus normas, creencias y verdades aceptadas en el sistema familiar. ¿Te resuena? Lo más poderoso para comenzar tu libertad personal es descubrir todo lo que hay en ti que no es verdaderamente tuyo, sino de ellos, aprendido, aceptado y normalizado en tu vida para ser aceptada y amada por tu familia.

Es tan importante poner luz a esta lealtad familiar que nos inunda, que en el proceso de ser verdaderamente tú, buscar vivir desde tu autenticidad y crear tu vida desde lo que de verdad resuena contigo, puedes generarte bloqueos inconscientes si en alguna parte de ti sientes que eso que amas, eso que quieres o eso que eres está traicionando o yendo en contra de algunos de esos valores, creencias o verdades de tu familia. Y te llena de culpa ser más, conseguir más o tener una vida más plena que ellos. Porque, ¿quién eres tú para tener más éxito, abundancia y amor que tus padres, que te han dado la vida? Y la culpa por cruzar ese límite invisible establecido en tu sistema te ancla, bloqueando tu evolución natural hacia el éxito, la abundancia y el amor.

Por todo esto quiero darle un espacio importante en esta reflexión que estamos compartiendo, porque puede ser la respuesta a esas partes de tu vida en las que a día de hoy no consigues resolver, avanzar o brillar, aunque hayas hecho todo lo que se supone que tenías que hacer para conseguirlo.

Es algo más profundo (y precioso) que querer hacerlo y conseguirlo: es querer de verdad hacerlo, permitírtelo, liberar todos los condicionamientos que hay en ti y que de alguna manera te están impidiendo conseguirlo, y hacerlo.

Y cuando puedas identificar qué te ata, cuáles son esas lealtades que viven en ti, cuando consigas ponerles luz, te invito a comprender, soltar, liberar, agradecer y amar. Como pasos de un proceso que está envuelto en amor. En el amor de comprender por qué está presente en ti, de dónde viene, a qué te ha ayudado durante toda tu vida, y a soltar lo que ya no quieras que esté en ti porque ya no te ayuda, te hace sentir culpable y te limita.

¿A qué te ha ayudado vivir toda tu vida con esas lealtades familiares? A sentirte parte de tu familia, cubriendo tu necesidad de pertenencia. A recibir amor y aceptación por ser «igual que nosotros». A sentirte segura por ser como ellos. A tener tu sistema definido de creencias y verdades absolutas para defenderte en el mundo y adaptarte. Para construir tu identidad. ¿Y ahora? ¿Te siguen sirviendo ahora? Si la respuesta es no, te invito a vivir este proceso:

Ponerle luz.
Comprender.
Soltar.
Liberar.
Agradecer.
Amar.

En el proceso de soltar te invito a agradecerlo todo.

Todo lo que hay en ti durante mucho tiempo ha tenido un sentido, aunque ahora quizá haya cambiado y ya no sea así. Por tanto, todo lo que está en ti te ha ayudado a algo; te ha cuidado, protegido o mantenido «a salvo» cuando lo necesitabas, por eso ha seguido ahí. Y ahora, muchos de esos condicionamientos te han quedado pequeños en tu proceso de crecimiento, y es hora de decir adiós. Soltar y darle las gracias por todo lo que en su momento te aportó.

Soltar con amor las lealtades familiares.
Soltar con amor las creencias que nos han traído hasta aquí.
Soltar con amor los miedos que nos protegen.
Soltar con amor los *debería* que nos han ayudado a encajar.
Soltar con amor los condicionamientos sociales que ya no nos sirven.
Gracias, gracias, gracias.

A mis padres, abuelos y ancestros:

«Vosotros lo hicisteis lo mejor que pudisteis en ese
momento, con las posibilidades que teníais.
Gracias, os honro.
Ahora yo voy a crear la vida que quiero y deseo
con todo lo que soy hoy,
honrando vuestro camino con cada paso del mío.
Y desde este momento,
me siento libre para ser yo».

25. AUTOAFIRMACIÓN DE TI MISMA

Tienes derecho a tener tu propia mirada, tu propia opinión, tus propias decisiones.

Tu corazón merece sentirse vivo.

Tu alma merece sentirse escuchada.

Tu sentir merece tener espacio.

Todo está bien en ti, aunque sientas que no encajas.

Vive en el amor, y huye de la crítica o la envidia.

Centra tu energía en cuidar tu mundo.

Escucha lo que quieres, valida lo que sientes, cuida lo que dices.

Suelta la necesidad de que alguien te elija y elígete tú.

Suelta la necesidad de que alguien te ame, y ámate tú.

No necesitas dar explicaciones.

Deja de mirar atrás y conéctate con el ahora.

La vida está llena de oportunidades para seguir creciendo.

Elige muy bien dónde mirar.

Tu voz es importante.

Lo que sientes es importante.

La conexión contigo es importante.

Ocupar tu espacio es importante.

Te debes el respeto y la validación que quizá nadie supo darte.

Confía en todo lo que hay en ti.

Tienes todo lo que necesitas para crear la vida que quieres, vivir como sientes y poder ser quien de verdad eres.

Sigue tu intuición.

Confía en la voz de tu corazón.

Ama cada paso en tu historia, respeta cada decisión que has tomado.

Asegúrate de que a quien amas te ama y es bueno para ti.

Cuida muy bien la energía de la que te rodeas y protégete.

Eleva tu vibración siendo una bella influencia para el mundo.

Cuida lo que comes, lo que piensas y lo que sientes.

Ama a los demás como a ti misma. Por eso no olvides amarte tú.

Vuelve a tu centro cuando asome el miedo, la tristeza o la decepción.

Tú siempre puedes ser tu lugar de paz.

Eres una
manifestación única
de lo divino, una
expresión de
amor, abundancia y
divinidad.

26. CÓMO SER AUTÉNTICA EN EL AMOR Y EN LAS RELACIONES

—Te veo diferente. ¿Seguro que estás bien? Desde que estás con Pablo parece que has cambiado. ¿Estás segura de que no quieres tener hijos? ¿Y de mudarte a otra ciudad? Siempre me habías dicho que el sueño de tu vida era ser madre, y vivir cerca de tu familia.

—Es que Pablo necesita que nos mudemos y no le gustan los niños. Tampoco es tan importante, lo importante es que estemos juntos y que Pablo me quiere.

Y su amiga pensó: «Sí, pero ¿a quién quiere? ¿A quien eres de verdad? ¿O a la persona que te has inventado para que te quieran?», pero como no fue capaz de decírselo, sonrió y asintió.

He perdido la cuenta de cuántas veces me he anulado para estar con alguien. De muchas formas: mucho, un poco o entera. Puede sonar triste, pero estoy segura de que ha sido un camino necesario para llegar aquí, para encontrarme, para aprender lo que ahora sé. ¿Puede volver a pasarme? Probablemente, pero quizá menos y menos tiempo, porque el aprendizaje nos da el regalo de poder identificar en menos tiempo lo que nos es conocido. Eso espero. ☺

Quiero hablarte primero de cómo no somos auténticas en el amor y por qué.

Como siempre, anularte, aunque sea un poco, en tu relación tiene un claro objetivo: amoldarte a lo que el otro espera o necesita «para que te quiera». Sí, otra vez.

Y otra más. Porque casi toda nuestra vida, si miramos atrás, refleja lo poco o regular que hemos sabido querernos, y eso nos ha llevado a buscar constantemente ese amor fuera. En todo y en todos. Qué suerte que ahora estemos aquí reflexionando sobre esto, porque ahora podemos hacerlo diferente: con más autoamor y menos vacío.

Una de las cosas que más me sorprendieron de mi divorcio fue que, al terminar mi relación, después de ocho años, me di cuenta de que el que había sido mi marido no me conocía. Ese momento lo viví con indignación, y muchas más cosas. ¿Cómo es posible que alguien viva conmigo ocho años y resulte que no me conozca? Ahora sé que se dieron dos factores clave: su baja necesidad de conocerme con profundidad y mi alta necesidad de encajar y ser lo que él esperaba. Y ahí en medio, sin ninguna duda, me perdí yo.

Con el tiempo y mucho trabajo personal, llegué a otra pregunta que te compartía en mi libro *Autoamor*: ¿cómo me iba a conocer él si no me conocía ni yo? Y ahí comencé a descubrir quién era verdaderamente, qué me hacía feliz, qué necesitaba en mis relaciones, los límites y *red flags*, y lo que era indiscutible para mí. En la película *Novia a la fuga*, Julia Roberts descubre que con cada novio es de una forma diferente, ama unas cosas diferentes y, por ejemplo, le gusta comer huevos de una forma diferente: al agua, fritos o escalfados. Alguien se lo dijo y después de su enfado se sentó con ella misma a descubrir qué es lo que de verdad le gustaba a ella, al margen de con quién estuviera. Al ver esa parte yo también pensé en mi vida (de las películas se aprende mucho, y a veces son como terapias haciendo de espejo). Resulta que Julia y yo, en nuestras relaciones, nos «íbamos» con nuestras parejas. Es decir, no estamos en nuestro sitio, con nuestros gustos y hábitos, sino que, sin darnos cuenta, nos vamos hacia los gustos y hábitos de las parejas. Si a ti también te ha pasado, ya tenemos algo en común con Julia Roberts. ☺

A veces hay un miedo que no sabemos ver, porque viene de serie. Miedo a dejar de gustarle si eres de verdad tú, a decepcionar por lo que creía que eras, a que te deje, a quedarte sola. Miedo, miedo, miedo. Pensando siempre que ser otra persona es mejor idea que ser tú misma.

En el amor ocurre que encuentras a alguien y os enamoráis (así, reduciendo bastante la historia). En el proceso de conexión se produce también la adaptación del uno al otro, para estar bien, generaros bienestar y no haceros sentir mal. Sin darnos cuenta nos vamos amoldando al otro, y en ese proceso se produce un riesgo importante de perderte en el camino. Dejas de ser auténtica, dejas de ser tú, porque vas dejando de hacer cosas que no le gustan, dejando de mostrar partes de ti que le incomodan o cuidando demasiado las formas para encajar en la pareja. De pronto, eres tú, pero no te pareces mucho a ti misma, a antes de estar sin esa pareja. De pronto comienza a desenamorarse porque, claro, no te pareces a la persona que eras cuando te conoció. Y lo peor es que es verdad. Es una paradoja que nos persigue en las relaciones, y que tiene una única vacuna: ser tú, todo el tiempo, con todo el mundo, no perder tu esencia intentando encajar en una pareja o en una relación o para ser lo que la otra persona quiere que seas. Tú eres tú, y ese siempre debe ser tu eje.

He cambiado tanto, que he pasado de perderme en mi pareja, difuminando quién soy y qué me gusta en lo que a él le gustaba, a todo lo contrario; con mi última pareja me pasé el primer mes entero contándole y mostrándole lo peor de mí, lo que no me gustaba, mis manías, mis secretos, justamente la parte que antes no quería mostrar. Recuerdo que le dije: «Yo soy así, de momento; igual cambio algo, pero ahora mismo esto es lo que hay. Si te quieres quedar, esta soy yo». A veces recordamos esos momentos y nos reímos. Quizá fui así de intensa y «bruta» porque venía de donde venía: de esconderme. Y ya no quiero más eso en mi vida.

Ahora el reto está en amar a otro/a siendo tú misma.

¿Cuáles son los miedos que tienes que abrazar para permitirte ser tú en tus relaciones afectivas?

★ Miedo a que no te quieran si te muestras como eres.
★ Miedo a decepcionar.
★ Miedo a ser tú de verdad.
★ Miedo a que te abandonen.
★ Miedo a que la relación no funcione si no te adaptas y cedes.
★ Miedo a la soledad, porque no sabes estar contigo.

Todos estos miedos y algunos más están detrás de nuestra incapacidad para ser auténticos en nuestras relaciones. ¿Cuál se conecta más contigo en este momento? ¿Y con tu historia? Descubrirnos, reconocernos, especialmente en nuestras sombras (lo que no nos gusta, lo difícil e incómodo) nos ayuda a poner luz, a comprendernos y, como te cuento en *Autoamor*, comprenderte es amarte.

Uno de los retos más importantes en tu camino para ser auténtica en tus relaciones es descubrir qué pensamientos estáticos o creencias te acompañan desde hace tiempo y no lo sabes. Es increíble, pero socialmente existen creencias que compramos sin pensar ni cuestionar y, hasta que lo haces, han condicionado muchas de las decisiones de tu vida. Yo siempre he escuchado algunas como «si a los treinta años ya no tienes pareja, te vas a quedar sola» (con lo cual aceptas casi cualquier cosa que llegue por ese miedo aprendido e incuestionado) o «las personas que no tienen pareja son difíciles». Y claro, nadie quiere sentir que es difícil, o difícil de amar, y casi preferimos andar con alguien que estar mucho tiempo solas. Una de las que me marcó a mí mucho tiempo fue que si me había casado, ya me tenía que quedar ahí. Cada lugar tiene sus propias creencias generalizadas, que además adquirimos casi todos (condicionamiento cultural), para adaptarnos a nuestro entorno. Hasta ahí bien. Pero, además, nuestras familias tienen las suyas, que también aprendemos e interiorizamos, sin cuestionarlas, con el mismo objetivo: pertenecer y ser aceptados. Y después están las propias, las que vas creando con tu experiencia y tampoco eres consciente. Por tanto, ¿me podrías decir cuántas creencias crees que viven en ti sin darte cuenta, condicionando cada una de tus decisiones, acciones y sueños? Sería imposible. Son demasiadas creencias determinando tu vida durante demasiado tiempo. Entonces ¿cuál es tu trabajo ahora? Soltar, soltar, soltar. Soltar todo lo que no eres tú. Soltar todo lo que has adquirido que te condiciona, te limita, te manipula y no te deja ser libre.

¿Cuáles son las creencias que han influido en ti?

La autenticidad es el camino más poderoso para conectar con otros.

Brené Brown

¿Cómo ser auténtica en tus relaciones afectivas?

- Siendo tú. Para permitirte ser tú, el primer paso es abrirte a conocerte tal y como eres en cada momento. Necesitas dejar de tener miedo a ti misma y crear espacios de escucha, apertura y descubrimiento de ti misma. ¿Qué vas a hacer hoy para comenzar este proceso de encuentro contigo?

- ★ Descubrir qué creencias te acompañan desde hace tiempo limitándote y no lo sabes. ¿Cuáles son las creencias que han influido en ti? ¿Cómo «se supone» que debes ser en tu relación afectiva? ¿Cuánto has anulado, ignorado u ocultado en ti con tus parejas porque según tu mirada «no estaba bien»?
- ★ Descubrir qué quieres, pero de verdad. ¿Qué quieres en tus relaciones? ¿Qué necesitas? ¿Cómo te gustaría ser en tus relaciones y cómo te gustaría que fuesen contigo?
- ★ Soltar lo que no quieres, dejar de hacer lo que no quieres, ser tú pase lo que pase. Quien esté contigo tiene que amarte por quien eres, respetándote como eres, y no puedes intentar ser todo el tiempo quien no eres, para que te quiera.
- ★ «Somos uno» pero siendo dos. Es importante no difuminarse en la pareja, reconocer los límites en la relación y respetar las diferencias con amor. Saber dónde terminas tú y empieza tu pareja.
- ★ Que tú siempre seas tu eje. Conocerte, respetarte y escucharte siempre te mantendrá conectada contigo, y será más difícil perderte en el otro.

Amar amándote.

Sé auténtica en tus relaciones.

Sé auténtica en el amor.

Olvida esa parte de ti que vivía yendo detrás de las personas para no perderlas.

Ahora te tienes a ti.

Por fin.

A nadie te pareces
desde que yo te amo.

Pablo Neruda

27. SER AUTÉNTICA ES DECIR SÍ A TODO LO QUE ERES

Procura ser quien eres, te amen o no.

Fernando Pessoa

Lo que más nos cuesta en nuestro proceso de desarrollo, seguramente, sea aceptar todo lo que somos, sin excepción. Incluyendo lo que no nos gusta, lo que rechazamos de nosotras mismas, de nuestra historia, de nuestra vida. Es tanto así, que invertimos mucho esfuerzo en esconder «esa parte» a los ojos de los demás, y luego no recordamos cómo mirarla, porque queda ahí, rechazada, aislada, excluida de ti. Una de las cosas que aprendimos en *Autoamor* es que para amarte de verdad entera, es necesario aprender a amarlo todo. Y aquí está el reto.

Te quiero presentar el mundo de las sombras. No, no es una película, aunque a veces lo parezca. Es esa parte de tu vida que te mantiene bloqueada, anclada o que por mucho que hagas, por mucho que te formes, hagas terapias varias o repitas mantras, no te deja evolucionar.

Fue Carl Jung el que dijo una frase maestra sobre las sombras, que siempre me viene a la mente en estos procesos: «Lo que aceptas te transforma y lo que niegas te somete». Léela otra vez. Piensa cuánto de lo que hay en tu vida que no quieres ver, por tanto, no quieres aceptar, te está haciendo esclava de eso mismo. Y cuánto de lo que, por fin, con trabajo y mucha voluntad y dolor, has aceptado, y cómo eso te ha liberado y te ha hecho sentir libre, a la vez que has permitido que eso que pasa haga su trabajo en ti (transformación). Así funcionan las sombras. Y en el juego de las sombras gana quien más abierto esté a mirar lo que es, aunque no nos guste. Vivir cerrado a lo que eres, a las partes menos agradables, más dolorosas o las que te producen rechazo, puede ser más cómodo, ya que no estás afrontando ese dolor o incomodidad. Pero mientras eso sea así, esa sombra te domina. Mira todo de ti. Abre los ojos del corazón a todo lo que eres, a todo lo que eras, para crear el camino a todo lo que puedes ser. Cuanto más abierta estés a todo lo que eres, más transparente eres contigo, y con toda esa información puedes trabajar mejor la aceptación y el autoamor contigo, desde un lugar verdadero y profundo. Todo lo demás es superficial. Sí, podríamos decir que el verdadero autoamor está en el trabajo con la sombra.

Pero ¿qué es verdaderamente la sombra?

La sombra de cada persona, según Jung, consiste en los aspectos inconscientes y ocultos de nosotros mismos que nuestro ego no acepta ni reconoce, sin exponerse a la persona proyectamos al mundo que nos rodea.

Son todos esos aspectos que no queremos ver de nosotros mismos o no somos capaces de ver, no reconocemos como propios y proyectamos todo el tiempo sin saberlo. «Uno no se vuelve iluminado imaginando figuras de luz, sino haciendo consciente la oscuridad», decía también Jung.

Para reconocer nuestra sombra, integrarla, aceptarla como parte nuestra, amarla y amarnos verdaderamente a nosotras mismas, conviene hacer un trabajo de comprensión y conocimiento de uno mismo, para comenzar a poner luz en la oscuridad, comprendernos verdaderamente, hacer consciente lo inconsciente y caminar paso a paso hacia una mayor libertad. Porque mientras no lo hagas, eres presa de tu sombra. El camino a la autenticidad a menudo implica enfrentar y trabajar con estos aspectos menos conocidos de nosotras mismas para integrarlos.

El propósito de trabajar tu sombra es ayudarte a que te des cuenta de tu yo más auténtico, atendiendo a esa parte que no se ve, que está oculta en tu personalidad y tu ser. Hay algunas preguntas que podríamos hacernos en diferentes experiencias, que nos pueden ayudar a identificar y a integrar esa sombra. Te comparto algunas:

★ ¿Qué emociones intensas estoy experimentando en este momento y de dónde pueden venir?
★ ¿Qué patrones de comportamiento que se repiten veo en mi reacción a estas situaciones?
★ ¿Hay algo en esta situación o en esta persona que me está provocando esta reacción emocional?
★ ¿Cómo me veo a mí misma en esta situación? ¿Es coherente con la imagen que tengo de mí? ¿Y con la que tienen los demás?
★ ¿Existen aspectos de mi personalidad o comportamiento que tiendo a negar o evitar?
★ ¿Cómo reacciono ante los comentarios críticos o feedback negativo de los demás? ¿Por qué me siento atacada?
★ ¿Qué cualidades o características en esta persona me irritan profundamente? ¿Veo algo de mí en ella que no quiera ver?
★ ¿Estoy actuando/reaccionando como adulta, como niña o como madre?
★ ¿Cómo puedo abrazar y aprender de estas partes de mí misma en lugar de rechazarlas?

Muchas personas hemos descubierto parte de nuestras sombras con la ayuda de algunas terapias y herramientas, en concreto el eneagrama, del que te he hablado en algunos libros como *Autoamor*, y el *Diseño humano* o *Human Design*. Son herramientas que nos ayudan a poner luz en la oscuridad, en esa parte de nosotros que jamás nos atreveríamos a ver, y, al poner luz, al menos te abres a la posibilidad de que eso exista en ti. Ninguno de nosotros queremos ser egoístas, buscar validación externa constante o ser orgullosos; sin embargo, lo somos. «Darte cuenta» por medio de esas herramientas, de la terapia o la reflexión profunda te ayuda a poner luz ahí, comprenderte y comprender tu historia, y amarte desde ahí, con todo. No hay otro camino para el amor, que el amor.

El reto en este camino es, sin duda, dejar de engañarnos a nosotras mismas. Abrirnos a todo lo que somos, incluir todo lo que somos.

Hemos aprendido que rechazarnos ya no nos sirve, no nos ayuda, y de hecho, nos aleja de nosotras. Rechazar una parte de ti es rechazarte entera. Aprender a mirar todo lo que eres, incluir todo lo que eres, sin juicio, incluso lo más doloroso e incómodo, te ayudará a amarte.

Te deseo mucho autoamor en este camino al transitar tus sombras para encontrar tu ser auténtico.

Cuando comencé a amarme a mí mismo,
descubrí que la angustia y el sufrimiento
emocional eran solo señales de advertencia
de que estaba viviendo mi propia verdad.
Hoy sé que esto es autenticidad.

Charlie Chaplin

28. DEJA DE VIVIR PARA QUE TE QUIERAN. QUIÉRETE TÚ

No necesito quererte para demostrarte que me quiero a mí misma.

Elizabeth Gilbert, *Eat, Pray, Love*, 2006

Esta semana he tenido una sesión con una mujer que me ha hecho reflexionar sobre mi propia vida. Tiene cincuenta y dos años, y siente un vacío muy grande en este momento de su vida. Hace poco fallecieron sus padres y tiene dos hermanos con los que tiene muy buena relación. No tiene pareja en este momento, pero ha tenido hasta hace poco. El vacío que siente, a medida que la escucho hablar, tiene que ver con que no tiene a quién querer, a quién cuidar, desde que se fueron sus padres. En la conversación descubre que lleva exactamente cincuenta y dos años viviendo para que la quieran. Haciendo lo que se espera de ella, incluso más, para merecer el amor. Nunca ha hecho nada fuera de lugar para no decepcionar. Para que la quieran y ser merecedora de amor.

Este descubrimiento ha sido muy potente. Primero, por darse cuenta de que lleva toda su vida siendo perfecta buscando amor fuera. Segundo, porque ha descubierto que nunca ha sabido darse ella ese amor, ser ese amor para ella. Tercero, porque ahora que no están sus padres, sigue buscando ser perfecta para que la quieran. ¿Que la quiera quién? Ya no se sabe. Por eso se siente perdida. «Quizá ha llegado el momento de dejar de intentar ser tan perfecta y quererte tú —le digo— y comenzar a ser quien realmente eres, y hacer lo que realmente quieres». Y claro, no sabe ni quién es ni qué quiere. [...]

No importa en qué momento de tu vida descubras esto, o sientas parecido, o estés perdida. Siempre es el momento perfecto.

Empezar a observarte ya es un gran comienzo, cuestionar qué te gusta y qué no, cómo eres y cómo no, eso ya es mucho más de lo que probablemente has hecho en toda tu vida. Y abrirte a las respuestas. Al cambio. A todo lo que eres.

Cada día un poco más cerca de ti.

Cuando tomamos la decisión de dejar de vivir para que los demás nos quieran y comenzamos a amarnos a nosotras mismas, construimos una base sólida de confianza, autoestima y autenticidad. Esto nos permite establecer relaciones más reales, equilibradas, saludables y genuinas con los demás, ya que nos relacionamos desde un lugar de integridad personal, ocupándonos de nuestras necesidades afectivas y no poniendo en manos de otros nuestra necesidad de amor. Sin duda, cuando cambias tú, todo cambia.

El camino que se abre en este momento es el camino de autoamor.

Autoamor es un libro al que siempre te voy a invitar a volver, porque es, para mí, el eje de todo en la vida. Cuando te amas, estás contigo, cuando no te amas, te abandonas. Cuando te amas, crees en ti y en tus sueños, y sientes que mereces conseguirlo. Cuando no te amas, no crees en ti ni en lo que quieres, y tampoco sientes que merezcas conseguirlo. Cuando te amas, te sientes a la altura de los demás en tus relaciones, y puedes dar y recibir a partes iguales, con amor. Cuando no te amas, te sientes inferior, y solo te sientes bien dando, porque no sabes recibir, y eso se convierte en relaciones de abuso o desigualdad. Y así podríamos seguir, para explicarte con ejemplos de vida cómo de importante es que te quieras tú, pero de verdad, para tener una vida equilibrada, relaciones sanas, bienestar y plenitud, y cómo a veces creemos que lo bonito es querer a los demás muy por encima de nosotras mismas —porque somos buenas personas— y cómo eso nos hace esclavas de las relaciones que construimos en base a esa creencia (y cómo el mundo se aprovecha de eso, que daría también para otro libro).

Deja de vivir esperando que te quieran, haciendo para que te quieran, pareciendo, para que te quieran. Ese rol ya te ha enseñado mucho sobre ti misma y sobre los demás; cómo es tu entorno, quién lo aprovecha en su beneficio, quién te invita a acordarte de ti misma. Ese rol ya ha cumplido su función, si lo tuvo, y ya lo puedes soltar.

Puedes iniciar tu transformación, desde este momento, hacia la mujer que cada día aprende a quererse más a sí misma, que se conoce, se escucha, se valida y se da lo que necesita. Porque puedes, porque en ti ya está todo para poder hacerlo, y ser así.

No necesitas nada. Eso que crees que necesitas puedes dártelo tú. Y, desde esa mujer completa, plena y consciente que ya siente que lo tiene todo, relacionarte con el mundo aportando lo que eres, dando y recibiendo, estableciendo sanos límites sin miedo y con amor, y conectando, ayudando e inspirando a otras mujeres a hacer lo mismo. Sí, la transformación es posible, y desde esa mujer que se ama es más fácil ser auténtica, porque no necesita que nadie la valide, porque ya sabe lo que vale.

Tu valor te lo marcas tú.

No lo olvides.

Ser para los demás
es dejar de ser tú.
A veces eres la persona más infiel del mundo
—contigo misma—
y te abandonas en la opinión de cualquier persona
a la que regalas el poder de tu escucha.
Y no.
No puedes darle a cualquiera el poder de opinar,
decidir, elegir o hablarte sobre tu vida.
¡Sé tu propia autoridad!
Nadie en el mundo sabe más de tu camino, de tu historia
y tus caídas, que tú misma.
Deja de entregarte a la opinión de otros
por no escucharte a ti misma.
Comienza por ahí: escúchate, dale volumen a tu voz,
prioriza lo que sientes, quieres y necesitas,
¡ya es hora!
Y vive una vida que sientas tuya y de nadie más,
en la que cada decisión, cada logro y cada caída
llevan tu nombre y tu evolución.
Y nunca más vuelvas a perder esa voz que tanto te ha costado
encontrar.
Grita.
Grita tu lugar, tu espacio y tu luz.
El mundo te está esperando.

29. SANANDO LA RELACIÓN CON TU MADRE PARA SER AUTÉNTICA

—Siempre me ha dado miedo expresar lo que quiero y siento, como si estuviera mal, como si no tuviera ese derecho. Lo veo en los demás y me gustaría ser así.

—Te entiendo. ¿Cómo era la relación con tu madre? ¿Te sentías vista, cuidada y valorada por ella? Es la relación que más determina cómo nos relacionamos con la vida siendo adultas.

—Mi madre nunca me miró bien. Recuerdo estar toda mi vida intentando acercarme a ella y complacerla para obtener algún gesto cariñoso, pero aún no lo he conseguido. Ya he asumido que nunca me querrá. Lo peor es que tantos años intentando no defraudarla y ser lo que ella quería para mí, que ahora no sé ni quién soy.

—Te comprendo y quiero que sepas que te merecías todo el amor del mundo, nunca hubo nada malo en ti. Ahora es el momento de ser tu propia madre, cuidarte con amor y decirte las bellas palabras que esperabas de ella. Hazlo tú, para ti, porque en ese ejercicio de autoamor hay magia, y se sanan muchas carencias afectivas. Y podemos comenzar mirando a tu madre con ojos de compasión, como una mujer que en ese momento, con su conocimiento y herramientas, hizo lo mejor que supo. Intenta no juzgar para comprender, aunque esto lleva su tiempo. Comenzamos este camino juntas.

Pasen los años que pasen, este es el tema clave en casi todo lo que te pase en la vida. Increíble, ¿verdad? Si hubieras visto cientos de personas adultas y aparentemente empoderadas hacerse pequeñitas e indefensas, al trabajar con su madre (simbólica), podrías comprender la magnitud de tal afirmación.

La madre es nuestro primer vínculo seguro, al menos así debería serlo, y cualquier patología, desviación o herida/trauma no trabajado en la madre puede afectar a nuestra salud emocional, afectividad, bienestar o capacidad de establecer vínculos seguros a lo largo de nuestra vida. Desgraciadamente aún no existe ese «carnet de padres y madres conscientes» que me encantaría que se dieran, porque pocas cosas hacemos en esta vida con tanta responsabilidad como tener un hijo y cuidar de su bienestar emocional, no solo el biológico.

La confianza en los demás y en la vida, la autoestima y el autoamor, el cuidado de ti misma, tu capacidad o incapacidad para poner límites sanos, la dependencia emocional, son algunos indicadores de cómo es tu relación con tu madre. Es un tema profundo y delicado, pero abordando la información con amor, compasión y comprensión, puedes descubrir cosas que te ayuden a comprender tu historia y por supuesto a ti misma.

Una niña que está atendida biológicamente, es decir, le dan casa y comida cada día y la llevan al colegio, pero que no atienden sus necesidades emocionales, no la atienden cuando llora, no validan sus emociones y se siente sola, probablemente tendrá de adulta una herida de abandono o rechazo (o ambas), dificultad para confiar, expresar sus emociones y vincularse, y lo peor es que si no adquiere consciencia de ello y trabaja en ella para sanarse, hará algo muy parecido con los hijos que tenga. En ninguna parte de esta historia hay maldad, intención negativa por parte de la familia o madre, ni deseo de causar daño; es precisamente la ausencia de consciencia, el no darte cuenta, lo que genera ese impacto en los demás. Y en este caso, hablamos de lo más frágil que tenemos en nuestras vidas y que no siempre cuidamos como merecen: los niños.

En el trascurso de su desarrollo, la vida le irá poniendo experiencias para darse cuenta de que hay cosas por sanar, patrones escondidos que le dificultan relacionarse y vivir una vida plena o simplemente ser feliz. Para poder vivir una vida auténtica necesita, sin duda, mirar de frente su historia, sus primeros vínculos y su relación con la madre, comprenderlo, «perdonarlo» (así entre comillas porque no hay nada que perdonar si comprendes de verdad) y transformarlo en fortaleza y amor.

Uno de los ejercicios más complicados que tendrás que hacer es identificar y liberarte de patrones heredados que pueden estar afectando negativamente en tu vida y en tu crecimiento y formas de relacionarte. Para ello es necesario que te cambies las gafas: salirte unos minutos del *matrix* familiar y aprender a mirar con ojos neutros las dinámicas familiares (y también sociales) para comprender por qué eres como eres, por qué actúas así en tus relaciones, o por qué te cuesta tanto conseguir quererte o creer en ti.

Cuando hice este trabajo en mi vida, sin darme cuenta, me polaricé. Polarizarte es irte al otro extremo de lo que estás viendo o viviendo. Al quitarme las gafas de mi familia y observar la realidad tal y como es, descubrí que a lo largo de las generaciones las mujeres de mi familia tendían a ser sumisas frente al hombre. Antiguamente era más normal (mis bisabuelas), pero mis abuelas tenían un comportamiento muy de sumisión frente a sus maridos, tanto que anulaban sus necesidades, y así lo podía observar en mis tías y en mi madre. Por supuesto, comportamiento que sentían hacer desde el amor, a la familia y a sus parejas, pero sumisión al fin y al cabo. Al identificar ese patrón lo rechacé profundamente, y generó en mí unas creencias que me ha costado muchos años trabajar: «Tener pareja es dejar de tener libertad», «Con pareja no podré brillar profesionalmente», «La pareja te hace anularte». El resultado, como puedes imaginar, es que en mis relaciones, a la más mínima sensación de falta de libertad, me iba. Eso es una polarización: irte al otro extremo. Quise poner tanto mi libertad a salvo, que casi más huía de las relaciones que las construía. A día de hoy, soy consciente y he logrado cambiar esas creencias trabajando en ellas, y recuerdo especialmente una que me regaló mi amiga Rut Nieves hace años: «Es posible estar en pareja y sentirme libre». Y me encanta.

Identificar, observar, elegir cambiar, agradecer, sustituir y hacer.

Así podría ser el ciclo de cambio de patrones dentro de tu familia, para romper con esos patrones de tu linaje que ya no te sirven.

Cuando vives sin sanar la relación con tu madre, el patrón/arquetipo que guía tu vida es el de la víctima. Algunas frases de las que más repetimos pueden ser estas: «Es que no me cuidaron bien», «No me dieron lo que necesitaba», «Nunca estaban cuando los necesitaba», «Mi madre fue muy exigente conmigo y nunca fui suficiente para ella»... y así muchas más. Aquí tenemos que hacer dos trabajos muy importantes: abrazar a nuestra niña y sanar la relación con ella, y abrazar a nuestra madre y sanar la relación con ella. No necesitamos que estén presentes, lo podemos hacer solas, en un trabajo personal o en terapia; aunque la niña siempre está con nosotras, y la madre, de alguna forma, también.

Fue Bethany Webster quien escribió mucho de la madre interior, esa madre que de alguna forma vive en nuestro interior, y se refiere a la voz interna que llevamos dentro, influenciada por la relación con nuestra madre durante la infancia. Esta voz interior puede tener un impacto significativo en cómo nos tratamos a nosotras mismas, cómo nos valoramos y cómo nos relacionamos con el mundo. Al sanar la relación con la madre interior, las mujeres podemos liberarnos de patrones heredados y empoderarnos para vivir una vida más auténtica y plena.

En este caso trabajaríamos con la madre exterior, la que conocemos, esté o no presente y esté o no en este plano.

La forma más rápida que conozco de sanar la relación con la madre es «tomar a la madre». Lo mismo se puede hacer con el padre. Tomar a la madre simboliza el acto de aceptar, lo entiendas o no, cómo es tu madre y lo que hizo, o lo que sigue haciendo. Incluso si ya no está en este plano. Se trata de dejar temporalmente a un lado tu tristeza, rabia, decepción, enfado, lo que sientas con tu madre por la falta de apoyo, validación o incluso de amor, y hacer un acto de generosidad, amor e incondicionalidad con las personas que te dieron la vida aceptando lo que son y comprendiendo en lo más profundo de tu corazón, con amor y compasión, que lo hicieron lo mejor que supieron. Es un ejercicio muy difícil, como puedes imaginar, porque hay historias de vida realmente duras. Pero el ejercicio de dejar el ego a un lado, por un momento, y poder mirar a tus padres con los ojos de amor y compasión te ayuda a amarlos, aceptarlos y, por ende, sanar en gran parte tu relación con ellos. «Mamá, entiendo que hiciste lo mejor que sabías en ese momento», «Sé que tomaste decisiones basadas en tu propia historia y experiencia, mamá», «Yo te necesitaba, mamá, pero ahora entiendo que no sabías hacerlo mejor».

Estas frases desde tu amor, dirigidas a tu madre, esté o no presente, y esté o no en este plano, te van a llenar de paz, de alivio y de libertad emocional. Son como un descanso en este camino de vida en el que nos pesan tanto los recuerdos, los traumas y el rencor, sin darnos cuenta, y son muy limitantes en nuestra vida de abundancia, amor y creación, que es para lo que realmente hemos venido.

Según Bert Hellinger, tomar a la madre es tomar a la vida. Decía también: «Quien logra tomar a su madre, de esa forma, logra ser exitoso y feliz. No es una cuestión mágica, sino que de igual manera en que aprendemos a vincularnos con nuestro origen, de la misma forma nos vincularemos con la vida e incluso con nuestra profesión», y de hecho dedicó casi toda su carrera a explicar esta relación con la madre. En su texto «Carta a mamá» dice algo muy bello:

«[...] Por haber sido tan comunes, también cometieron errores y hubo cosas que me dolieron. Pero solo porque han cometido faltas, yo pude crecer.
Les agradezco que fueran tan comunes. Así los amo, exactamente como fueron.
Así fueron buenos para mí.

Querida mamá, aún tengo algo importante que decir: te libero de todas mis expectativas, sobre todo de aquellas que van más allá de lo que se pueda exigir a una mujer común. Nadie ha hecho más por mí que tú.
Es mucho más de lo que fue necesario.
Así te amo, totalmente común, como eres, querida mamá».

Sanar la relación con la madre es tomar la vida como es, tomarla a ella como es, asumiendo su grandeza frente a ti (te ha dado la vida) y liberándola de todas las expectativas de cómo debió ser.

Nada de esto significa que tengas que volver a sus brazos, acercarte físicamente o hacer como si nada hubiera pasado, porque hay historias muy duras entre nosotros y a veces ni se cuentan. Este ejercicio es para liberarte de ese dolor a ti, soltando la carga energética que es la ira o el rencor, incluyendo a tu madre en tu corazón, de forma simbólica.

Sanar la relación con tus padres es necesario para liberarte del enfado, de la rabia, del arquetipo de la víctima y agarrar con todas tus fuerzas la vida y crear la vida que mereces y quieres, desde el autoamor y la libertad.

Solo desde ahí puedes vivir una vida auténtica, y puedes sentir la coherencia y la autenticidad en ti.

«Querida Mamá: Tal como eres te tomo, tal como eres tomo la vida, tal y como me la has dado. Y así eres justa para mí, lo tomo todo de ti, tal como viene de ti. Abro todo mi corazón a lo que me das, incluso lo que fue duro y malo. Así eres mi madre, y así soy tu hijo. Te tomo de ti, toda, entera, con lo bueno y lo malo, y la tomo al precio entero que a ti te costó y que a mí me cuesta ahora. La aprovecharé para alegría tuya (y en tu memoria).
No habrá sido en vano. La sujeto firmemente y le doy la honra, y, si puedo, la pasaré, como tú lo hiciste. Te tomo como mi madre, y tú puedes tenerme como tu hijo / tu hija. Tú eres la Verdadera para mí, y yo soy tu verdadero hijo (hija). Tú eres la grande y yo soy el pequeño (la pequeña). Tú das, yo tomo.

Querida Mamá: Me alegro de que hayas elegido a Papá. Ustedes son los únicos para mí. ¡Solo ustedes!».

Bert Hellinger

30. DAR Y RECIBIR

—María, tienes que aprender a recibir. Cuando no te abres a recibir estás bloqueando el círculo perfecto de dar y recibir, que son lo mismo. Si solo das y no recibes, lo bloqueas. Y, además, no me dejas darte lo que siento que quiero darte. La abundancia es dar y recibir.

—Ya, es que siempre me ha costado recibir, soy más de dar. Además, no necesito nada.

—¿Te sientes merecedora de lo que la vida te da? ¿Crees que lo mereces? La vida a veces nos hace aprender que no merecemos lo que nos dan, y nos cuesta hasta recibir las gracias. María, ábrete a recibir, ¡prueba! Cuando te digan «Gracias», no digas «De nada», di «Gracias a ti» o «Es un placer». Ábrete a recibir sintiendo que lo mereces, y sentirás también cómo te vas expandiendo y vas ocupando tu lugar en el mundo.

Conversación con María en sesión

Uno de los retos que más me encuentro en mi trabajo con vosotras es la falta de equilibrio entre dar y recibir. Hay una constante en la educación femenina y es educarnos a dar, entregar, compartir, ayudar y muy poco a aprender a recibir, disfrutar, vivir el placer o la libertad. Imagino que está cambiando, pero todavía está muy presente en nosotras. Esto nos lleva a una clara dificultad para saber recibir. Y saber recibir está relacionado entre otras cosas con la autoestima: a mayor autoestima positiva, más facilidad para abrirnos a recibir; y a menor autoestima, menos sabremos recibir. La clave está en el merecimiento: siento que no merezco lo que me das, entonces me cierro a recibirlo. Además, me costará más saber qué quiero (porque si no lo merezco...) y por supuesto tendré dificultad en pedirlo. Y en medio de ese círculo vicioso es imposible o muy difícil avanzar.

Según la ley espiritual del dar y recibir, el universo opera a través de un flujo constante de energía en el que se intercambia el acto de dar y el de recibir. Dar se refiere a compartir y ofrecer nuestros recursos, amor, tiempo y energía de manera desinteresada con los demás, siendo generoso. Por otro lado, el acto de recibir implica abrirnos y permitir que otros nos brinden apoyo, amor y recursos. Según esta ley es necesario abrirnos en ambas partes para que el ciclo energético se complete. Así de importante es que te abras a todo lo que la vida tiene para ti, a que comiences a sentirte merecedora de la vida, de la generosidad de los demás, de lo que llega a ti, así como a compartir con los demás todo lo bueno que tienes y hay en ti. Sí; compartirte con el mundo es parte de esta ley y del ciclo perfecto de energía.

Hace muchos años, más de diez, estaba comenzando mi vida como escritora además de impartir conferencias por todo el país. Recuerdo que me llamó una persona que conocía para ir a su escuela de negocios. Me dijo algo así como: «Necesito que vengas a dar una "charlilla", unos 45 minutos este viernes, el precio de una sesión de máster». No sé lo que tú entiendes por charlilla, concepto que no me gusta nada por cierto, porque detrás de esa «charlilla» hay horas, meses y años de formación y experiencia. Le contesté que sí, que era profesora en esa escuela de negocios y que allí estaría. Era verano, hacía 43 °C y me puse un vestido corto de tirantes, muy bonito y muy fresco. Al llegar me imaginaba una clase de máster que finalizaba su curso y querían algo de motivación. De pronto, me recibió el director de la escuela de negocios, un concejal, el presidente, y tres personas más. Yo no entendía nada. Comenzamos a caminar por un pasillo y al llegar al salón había nada más y nada menos que 500 personas sentadas entre alumnos y familiares esperando a la ponente en el escenario. La ponente era yo. Entré en shock. Un shock que podía durar solo unos minutos, pero lo tuve. ¿Esto qué es?

Ocurrió que en vez de contratar mis servicios como ponente y pagar lo que valen, usó otros conceptos para su beneficio. Le salió barato; a mí me salió caro.

¿Te sorprende? Pues no es la única vez que me ha pasado. De diferentes formas, pero es algo muy usual, que según el tipo de trabajo que desempeñes, te pidan favores para que lo hagas gratis.

Si algo he aprendido con este tipo de historias es a pedir. A ponerme en mi lugar, a saber que lo que yo doy es mucho, y también quiero recibir. Lo quiero y lo merezco. Esta frase «tan fácil» tiene un trabajo personal detrás de años, los que sois humanistas, humanos y trabajáis ayudando por vocación me entenderéis, pero a día de hoy lo tengo claro.

Soy persona. Soy profesional. Aporto y ayudo. Doy mucho. Me entrego mucho. Y cobro por mi trabajo. Y solo así es el círculo perfecto.

Esto que te cuento con tanta fuerza en este momento ha tardado exactamente los años que tengo en ser así. No ha sido fácil; ningún camino lo es, pero sí es cierto que cada experiencia me ha hecho ir conectando con esa energía de seguir dando y aprender a recibir, algo que era completamente difícil para mí, profesionalmente, personalmente y por supuesto en mi cuerpo físico. Vosotras me habéis ayudado mucho en este aprendizaje: cada día recibo muchos mensajes de gratitud por mis libros a través de las redes sociales, y eso también lo he aprendido a procesar e integrar como parte de mi círculo energético perfecto. Aunque te confieso que algunos de esos mensajes aún me dejan en shock, porque no alcanzo a entender cómo algo que sale de mí en ocasiones transforma tanto una vida. Ante ello solo me sale decir gracias, gracias, gracias.

Sí; para ser auténtica te invito a abrirte plenamente a todo lo que la vida tiene para ti, a lo que los demás tienen para darte, y a permitir, desde el amor y el autoamor, que la vida te regale parte de lo que tú das.

Dar y recibir.

A nivel energético, es importante conectarte con la energía de dar y recibir. Dar con intención positiva y amor, y aprender a recibir con gratitud y merecimiento. Esta energía que rodea la acción de dar y recibir es muy importante porque marca el impacto de la acción. Por ejemplo, dar algo enfadada o con desgana no es dar a nivel energético, o recibirlo forzada o diciendo que no tampoco. Presta atención a esto a partir de hoy. Recuerda que tu evolución y tu crecimiento es un ciclo continuo de dar y recibir: aprender, entregarte, aportar, conectar con otros, apostar por tu profesión, que te contraten, amar, que te amen, todo forma parte de un ciclo perfecto. Cuanto más naturalices esto en tu vida, lo integres y lo vivas como parte de tu conexión divina con el universo (al ser una ley energética universal), más fácil será para ti recibir, sentirte merecedora de lo que te llega, seguir creciendo y evolucionando y ser cada día más auténtica.

Oubaitori:
No te compares con los demás.
Concéntrate en tu propio progreso.
Respeta el camino de cada
persona, incluyendo el tuyo

31. DEJA DE INTENTAR ENCAJAR PARA SER TÚ

—No me puedo permitir estar así. Llevo aquí tres años y es la primera vez que me siento vulnerable. Aquí me necesitan fuerte, recta y centrada en la empresa.

—Y si ahora estás así, ¿qué pasa? Eres humana. Esta «humanidad» que te visita ahora quizá tiene algo que decirte...

—No me lo puedo permitir.

—Sara, te puedes permitir todo, porque eres todo. Quizá estás metida en un traje que te ha servido un tiempo, pero ya no aguanta más. Quizá necesitas mostrar lo que sientes, pedir ayuda, compartir tu necesidad, y todo será más fácil que mostrar lo que no eres y maquillar lo que sientes cada día, para ti y para los demás. Confía en lo que sientes y escucha qué te está diciendo, y qué necesitas en este momento. Date espacio.

Conversación en sesión con Sara

Acabo de escuchar a una mujer líder, directiva de una gran empresa, decir: «En un mundo de liderazgo masculino, tuve que suprimirme para encajar». Suprimirte para encajar. Como si le dieras al botón de suprimir del ordenador y hacer como que no existes, para poder encajar en su entorno pareciéndote a ellos, porque si no, no vales.

Escucharlo es durísimo, puede que inimaginable, así que entiendo la emoción con la que esta mujer lo dijo. Aquí actúan varios factores: que exista aún esta realidad (muy presente en las organizaciones) en la que el liderazgo se asocia a lo masculino (para mí un gran error), que esta mujer ceda su poder invisibilizándose para encajar en un entorno determinado, y añadiría que también la normalización que le hemos dado a través de muchas generaciones de mujeres a que está bien hacerse pequeña o anularse si eso va a hacer que el entorno esté bien. Esto último es una tendencia biopsicosocial femenina, la de mantener el orden y la armonía en nuestro entorno, algo que a veces tiene un coste demasiado alto porque para mantener la armonía fuera, la pierdes dentro.

Encajar. Como si necesitaras reducirte, amoldarte, adaptar tu forma para entrar en una caja predeterminada, para poder ser, estar o parecer. Como si esa «caja» social que nos han impuesto fuese la medida de lo que tenemos que hacer, o ser. Y si te das cuenta, llevas casi desde que tienes consciencia intentando ser lo que no eres para meterte ahí. Haciéndote pequeña. Anulando partes de ti. A veces físicas, porque no son normativas, a veces emocionales, porque eres demasiado sensible, a veces tus sueños, porque son demasiado grandes. Encajar...

Esa caja social ya no nos sirve, así que desde este momento podemos crear otra.

Una caja a tu medida, solo tuya, que no te apriete, que no te falte espacio, que sea como eres tú en este momento. Y si cambias, la caja cambia contigo.

Asegúrate de no dejar partes de ti fuera, porque todo eres tú.

Y en la medida que puedas, priorizar esa caja libre y flexible que has creado a todas las demás. Ya no necesitas hacer esos esfuerzos extraordinarios para encajar en otras, porque ya encajas en ti misma. Esto funciona así: en la medida en la que te reconoces, te aceptas, te honras y te habitas, ya estás en casa. Y de forma natural, te será más difícil hacer esos esfuerzos extraordinarios para que otros te acepten, porque ya te has aceptado tú. Quizá hasta ahora ese esfuerzo buscando encajar, buscando aceptación, era en parte porque no te habías hecho el regalo de aceptarte tú. Pero ya estás aquí, comprendiéndote, mirándote cada día con más amor y compasión, comprendiendo cada parte de tu camino y eligiendo mejor cómo quieres vivir desde hoy.

Y ese, querida amiga, es el mejor regalo que podemos hacernos. Cada día más auténtica.

¿Cuántas cosas hacemos para que nos quieran,
para que nos acepten o porque se supone
que las tenemos que hacer?
Ser auténticas significa liberarnos de esos
condicionamientos y poder ser tú,
respetarte y crearte espacio en el mundo,
en tus relaciones
y en ti.

32. «PONTE LOS CUERNOS A TI MISMA» (HAZ ALGO QUE NO HAYAS HECHO ANTES)

Suelta la versión de ti que conoces para abrirte a tu nueva versión.

La mayor limitación que tienes en tu vida eres tú misma.

Tus sistemas de creencias marcan tu vida, determinan tu realidad, y te hacen creer qué es posible y qué no lo es. Pero eso no es todo: el lugar en el que hayas crecido influye en lo que crees posible y lo que crees que mereces (influencia del contexto), el sistema familiar y sus creencias determinan en gran parte las tuyas, y los mensajes sociales implícitos con los que crecemos influyen en gran parte de lo que crees posible, lo que es bueno o normal o lo que es el éxito para ti. Y muchas influencias más que están determinando lo que ves, lo que crees, lo que creas, y todo tu mundo. Y tú sin darte cuenta.

Por eso hoy quiero invitarte a ponerte los cuernos a ti misma. Ese «poner los cuernos», un concepto algo agresivo que en España se usa cuando alguien le es infiel a otro, hoy quiero que lo uses contigo. ¿Qué tal si dejas de hacer, ver y creer eso que llevas toda tu vida haciendo, y te abres a hacerlo, verlo y creer completamente diferente? ¿Qué tal si rompes con la limitación que te has impuesto a ti misma con tu forma de mirar, de creer, de ver, y te abres a todo el potencial ilimitado que hay en ti, a las posibilidades infinitas que aún no conoces de ti, y a mirar el mundo sin el filtro de lo que crees posible, que todo lo reduce? Es como si el mundo fuera infinito, y tú solo creyeras hasta donde alcanza tu mirada.

Pues eso te pasa contigo y tu potencial, con la vida y sus posibilidades, y para ser auténticamente tú, necesitas romper con esa limitación y hacer espacio a todo tu potencial.

Estamos rodeadas de historias que han demostrado una y otra vez que los límites pueden cruzarse, que un cambio de mirada es un cambio de mundo y que muchas veces la mayor limitación está en nuestra mente. Aun así es uno de los pasos en nuestro desarrollo personal que más nos cuesta, y donde más necesitamos darnos una oportunidad.

¿Qué podrías hacer que no hayas hecho antes porque creías que no era posible? Quizá para creer más fuerte en esta idea, mira hacia atrás en tu vida: ¿qué has hecho alguna vez que en su momento pensaras que no era posible y pudiste hacerlo? Nuestra propia historia está llena de ejemplos de cómo la realidad se llena de posibilidades cuando trascendemos la limitación de la mente, y nuestra vida auténtica necesita mucho más de eso.

Mientras sigamos viviendo una vida normativa, limitada a lo que vemos o a lo que nos han dicho que es posible, no será una vida auténtica. ¿Por qué? Porque no nos estamos permitiendo la expansión, la prueba, la conexión real con nuestros sueños y anhelos, ni la coherencia con quienes somos y lo que queremos.

¿Cuántas veces en tu vida has sentido dentro de ti que tenías que seguir un camino, y alguien te ha dicho «por ahí no es posible» o «por ahí no vas a ningún sitio»? Cualquier artista que lo haya querido intentar se ha encontrado esa respuesta. Yo misma, cada vez que he sentido seguir mi intuición o mi sentir, como cuando escribí mi primer libro. ¿Y quién fue la persona que más difícil me lo puso? Yo misma. ¿Y quién fue la persona que más me apoyó? También yo misma. Porque es posible caer en el miedo del ego alimentado con los condicionantes sociales que tiren de ti hacia abajo, y también es posible retarte de forma positiva para dar ese paso adelante y sacar lo mejor de ti misma. Ambas cosas son parte del camino y no tienen que ser excluyentes, porque un paso puede dar lugar al otro. Que reacciones a los nuevos caminos con miedo es normal; que te quedes ahí no. Hay que aprender a reconocerse cuando estás en un camino trascendiendo límites, y acompañarte a ti misma en el reto de llegar a donde nunca antes llegaste.

«Ten paciencia contigo, estás evolucionando», te contaba en *Confía*. Y hoy te digo:

«Ten paciencia contigo, porque nunca antes exploraste los caminos que estás atravesando hoy, de la forma en la que estás hoy, y esto necesita amor, apoyo y comprensión en cada paso del camino».

«Hay que ponerse los cuernos a una misma», también en cuanto a gustos y verdades absolutas. «Es que no me gusta el deporte», «Yo soy muy desconfiada», «No creo en el amor» y frases «tipo» que un día nos dijimos y se quedaron con nosotras. Quizá hoy hay que sentarse con una misma y revisar ese diálogo interno, esa «foto» que un día nos hicimos y que nos ayudó en ese momento, pero que ahora, en esta nueva y más auténtica versión de nosotras mismas, ya no tiene sentido, no cabe y nos está limitando más que ayudando.

Es una invitación a abrirte a todo lo que eres, a todo lo que hay en ti, soltando esas frases, creencias o limitaciones que tú misma te has puesto y que ya no tienen nada que ver con tu versión auténtica, ilimitada y expansiva en la que estás trabajando.

Quizá es el momento de cambiar el «yo soy así» por «yo era así», y soltar esas partes de ti que ya no te sirven tanto, y que no habías cuestionado, y abrirte a un nuevo tú sin definir porque está en evolución continua.

Invítate cada día a hacer algo que nunca hayas hecho antes, que esté conectado contigo y con tu verdad. Deja cada día alguna pequeña limitación en el camino, y permítete el cambio y la evolución hacia tu vida auténtica.

Evoluciona tanto
que tengan que volver a conocerte,
una y otra vez.

33. LA CULPA Y EL PESO EN TU VIDA

—¿Por qué no te separas? No puedes seguir así.

—Ya, pero es que no puede ser. Haría daño a mi familia si de pronto cambio mi vida y dejo a mi pareja, aunque ya no sienta nada. Prefiero seguir como estoy a cambiar de pareja, aunque me haya enamorado de otro, porque me sentiré culpable por dejarlo y tampoco seré feliz.

—La culpa es muy difícil de gestionar. Pesa tanto que no la ves, pero inunda todo tu ser. Te impide moverte, tomar decisiones y tiende a mantenerte donde estás. En el fondo, te manipula. ¿De verdad lo vas a permitir? Yo prefiero sentir culpa por tomar una decisión que me hace más feliz, que sentir culpa incluso sin haberla tomado. No puedes hacer feliz a todo el mundo haciéndote infeliz a ti, Ana. Piensa cómo puedes ser un poco más feliz tú, y después todo se ordena. Confía.

Hace poco tomé conciencia de algo doloroso que no sabía muy bien cómo encajar y, al mismo tiempo, explicaba mi vida entera y el sentimiento que siempre me había acompañado: la culpa. Un peso invisible que vivía en mí, a veces dentro, a veces fuera, pero siempre doloroso. Con cada cosa que pasara, tuviese o no que ver conmigo, se me activaba un sentimiento de culpa que no sabía de dónde venía. Difícil permitirte arriesgarte, ser diferente, hacer cosas nuevas, salirte de lo conocido, si a cada pequeño paso te asedia la culpa. Es como un nudo que no te deja moverte, y con el peso, tampoco te deja respirar. Hasta que cuestionas, ¿de dónde viene?, ¿he hecho algo en este momento para sentir esto? Y es un arma de doble filo, donde los dos filos van en contra de ti: por un lado, el daño que te haces a ti misma, generándote esos pensamientos de culpabilidad si no los gestionas conscientemente, y por otro, cómo tu entorno (sin maldad ni intención, o sí) aprovecha eso para, de alguna forma, manipularte. De hecho, algunas de mis relaciones más significativas han estado basadas en ese diálogo manipulación-culpa, algo que he podido ver mirando atrás a través del tiempo.

Por eso lo he ido trabajando a lo largo de los años y he encontrado mucha información que ha sido relevante para mí, y la comparto contigo por si te sirve para deshacer la tuya. Es doloroso saber estas cosas, pero como sabes, todo lo que duele te ayuda a sanar.

★ La culpa es ego.
★ La culpa es transgeneracional. Puede que no sea tuya, o no sea del todo tuya, y pertenezca a tu sistema. Especialmente a tu abuela materna y a tu madre (en ocasiones a tu abuela paterna), con temas emocionales no resueltos que se han llevado, y eso se ha quedado como energía latente en tu sistema familiar.
★ La culpa viene de sentir que no cumples las expectativas de los demás (lo que esperaban de ti) y eso te hace sentir mal e insuficiente.
★ La culpa viene de tu propia exigencia, y de sentir que no cumples tus propias expectativas (lo que esperabas de ti) y eso te hace sentir mal e insuficiente.
★ La culpa viene de tus creencias arraigadas e incuestionadas, así como de las creencias de tu sistema familiar y social.
★ La culpa viene de traumas y experiencias pasadas en las que asumiste la culpa y aún no te has perdonado. Si sufriste abuso o maltrato, probablemente «tu niña» sintió que había hecho algo malo, y se quedó ahí. Hasta hoy.

- La culpa viene de tu rol de mujer en la sociedad y las expectativas que hay sobre ti solo por ser mujer.
- La culpa viene de la educación que has recibido, así como de la religión en la que te han educado. Las personas educadas en colegios religiosos pueden crecer con más culpa y exceso de humildad.
- La culpa viene de la lealtad familiar. No solo a la familia como sistema, sino a algún familiar en particular. Según la perspectiva sistémica, puedes sentirte culpable por tener éxito en tu vida o ser feliz, porque en un nivel inconsciente te sientas leal a un miembro de tu familia que no se lo haya permitido o esté sufriendo («No puedo ser más que tú»).
- La culpa viene de que sientas que estás transgrediendo tus valores o los valores de alguien.

Todas las opciones son correctas. En algunas personas son unas, en otras son otras, pero todas las opciones son correctas porque son posibles.

Siéntalas en ti. Cuestiónalas, descubre de dónde viene eso que te pesa, eso que se esfuerza tanto en hacerte pequeña, eso que no te deja volar. Si lo descubres, ya eres más libre para ser auténtica.

Lo que se supone que debes ser
está matando lo que de verdad eres.

Ahora tienes el permiso para soltar la culpa y todo lo que te pese. Observar los intentos de manipularte y alejarte de ello. Por supuesto, tampoco hacerlo tú. Tienes el permiso para ser cada día un poco más libre, liberando una culpa que por muchos años ha vivido en ti sin ser tuya. Porque no eres culpable de querer ser tú, de sentir lo que sientes, o de necesitar cambiar. Ahora tienes el permiso de cambiar culpa por responsabilidad, asumiendo tu parte en todo lo que hagas, siendo responsable afectivamente en tus relaciones, responsable de los resultados de tu trabajo o de los compromisos que asumes. Pero no más culpa, no más ese peso en tu vida que no te deja moverte, que te limita y te enferma.

Ahora tienes el permiso para ser más libre, más ligera, más de verdad, más auténtica.

No, no eres perfecta, eres auténtica.

He venido a vivir desde el amor y el Autoamor, desde la libertad y desde la elección lo que mis antepasados no pudieron vivir de otra manera.

Mi alma necesita vivirlo diferente para saldar deudas con quienes no pudieron hacerlo.

Con mi alegría, mi felicidad, mi Autoamor y mi paz, mi alma sana y mis antepasados sanan.

34. LIDERAZGO AUTÉNTICO

Para poder hablar de corazón a corazón,
un líder debe antes conocer sus propios valores,
lo que requiere conciencia de uno mismo.

Daniel Goleman

Es la era de la autenticidad. Desde mucho antes de empezar a escribir este libro podía leer la palabra «autenticidad» casi por todas partes. En este cambio que estamos viviendo, a nivel social, profesional y podemos decir que también energético, ha ocurrido algo que casi todos podemos sentir.

De pronto, parece que lo que no es verdaderamente auténtico no se sostiene. Lo que esté construido sobre algo que no sea auténtico se desvanecerá. Así ha ocurrido desde 2020 con proyectos, negocios, relaciones y planes de vida. Más que nunca hemos roto vínculos afectivos, cambiado de casa y de trabajo, en búsqueda de algo que resonara más profundamente con nosotros. Como si solo quisiéramos verdad. Como si en esa ruptura con la vida conocida que supuso la pandemia, también se hubiese roto parte de esas estructuras sociales y energéticas que nos sostenían, y ahora la vida nos pidiera una evolución.

Esta evolución es hacia la autenticidad.

En este próximo nivel de tu vida, se requiere que seas más tú que nunca. Para ello es necesario liberarnos de todo lo que esté en nosotras que nos mantenga a trozos, desfragmentadas, y nos impida la integración para ser auténticas. Autenticidad es acompañar tu propia transformación, integrando todos tus cambios.

Hay que asumir riesgos.

Hay que mirar la vida de frente.

Hay que abrirse a sentir.

Hay que tener coraje para vivir lo que somos y crear lo que queremos.

El resultado de darlo todo a una y apostar verdaderamente por ti es vivir una vida auténtica.

Si vives una vida sin riesgos, una vida segura, no es una vida valiente. Por tener una vida segura, no vivimos. Y llegará un día en el que te darás cuenta de que has elegido seguridad frente a la incertidumbre, lo conocido a lo desconocido, y la vida se escondía ahí: en las esquinas de lo que aún no conocíamos pero tenía para nosotras el regalo de la experiencia, el aprendizaje y la evolución. Y a veces lo descubrimos tarde. Porque ya no da tiempo a vivir desde ahí. Por eso, cada vez que quieras encontrarte y necesites cruzar la puerta de lo desconocido, recuerda que lo desconocido tan solo es lo «no vivido», y que dando un paso más, puedes empezar a crecer y expandirte en la dirección de tus sueños y con la guía de tu alma. Lo desconocido es lo que aún te falta por vivir; solo eso.

Y en esa travesía, te necesitas a ti, confiando en tus recursos personales y en tu cuerpo, para poder afrontar y vivir ese proceso que solo puedes experimentar tú.

Este es el verdadero liderazgo: el liderazgo de tu vida que se proyectará fuera. La coherencia en tu vida, que se sentirá fuera. El coraje en tu vida que inspirará fuera.

Es levantar la mirada hacia tu yo del mañana, y sentir en cada parte de tu cuerpo cómo te está esperando porque confía en todo tu potencial, y solo tienes que soltar los miedos, los condicionamientos, las creencias y todo lo que te haga pequeño para dar un paso más y expandirte. Con una mirada expansiva, con menos límites y más verdad. Con el coraje de ser tú, de vivir en resonancia contigo y vivir tus relaciones desde ahí.

En las organizaciones y en la sociedad también se necesitan líderes auténticos.

Un líder auténtico es una persona que se conoce, que está conectada consigo misma, que es coherente entre lo que piensa, siente y hace, es compasiva y consciente, y lidera desde ahí. Shamir y Eliam concluyeron en su investigación que «los líderes auténticos son plenamente conscientes de sus valores y creencias, de su comportamiento, y a su vez de cómo son percibidos por los demás». El resultado de un liderazgo auténtico es que la adhesión emocional de su equipo aumenta, la credibilidad y el *engagement* aumentan, y el clima emocional y el bienestar mejoran.

En la Universidad de Harvard en 2007, los profesores George y Sims desarrollaron una interesante teoría que recoge que los líderes efectivos son aquellos que conocen y lideran desde su «verdadero norte», es decir, desde su auténtico yo. La autenticidad para ellos implica ser fiel a uno mismo, actuar en consonancia con los valores y principios personales, y construir relaciones genuinas con los demás.

Por otro lado, Gardner, Cogliser y Davis desarrollaron un modelo de liderazgo auténtico en el que la autenticidad es un componente esencial del liderazgo, con cuatro dimensiones clave: autoconocimiento, equilibrio, sinceridad y propósito, cuatro elementos sobre los que trabajar la autenticidad en el liderazgo.

Avolio, Walumbwa y Weber en 2009 también definieron el liderazgo auténtico como «un patrón de conducta de liderazgo transparente y ético, que enfatiza la disposición a compartir la información necesaria para la toma de decisiones, a la vez que acepta las aportaciones de los seguidores». En sus investigaciones en 2008, Walumbwa concluye que el liderazgo auténtico mejora la satisfacción laboral y la satisfacción con el líder, las conductas de colaboración en la organización, la confianza organizacional, el compromiso y el rendimiento laboral.

Sin duda un gran impacto en diversas áreas de la organización, para tenerlo en cuenta y desarrollar, desde la organización, planes de acompañamiento y desarrollo para que sus líderes sean cada vez más auténticos. (Te puede inspirar mi método «Auténtica» que tienes en este libro).

Vive una vida auténtica.
Vive una vida valiente.
Lidera desde tu verdad.
Lidera siendo tú.
Lidera desde todo lo que eres.
Solo así podrás conectar verdaderamente con los demás y liderar desde la autenticidad.

La vida te está pidiendo una nueva versión de ti más conectada con quien de verdad eres. Conexión, expansión, liderazgo, autoamor, inspirándote a ti misma y a los demás, a vivir una vida auténtica.

¿Y qué pasa si lo que te enciende el corazón ahora
es diferente a lo que lo hacía antes?
¿Y qué pasa si ya no logras reconocerte en lo que antes hacías,
te emocionaba o amabas?
¿Y qué pasa si tu corazón pide dar un salto
y explorar algo que no conoces, pero sientes que es por ahí?
Lo que pasa es que estás viva.
Solo eso.
Y en este «Vivir» cambiamos, crecemos y evolucionamos.
Y lo que ayer te motivaba hoy te mata.
Y lo que ayer te ilusionaba hoy te enferma.
Escúchate.
Que el regalo más bonito que puedes hacerte en la vida
es volver a empezar
—una y otra vez—
y mantener tu corazón vivo.
Y a ti
también.

35. MIEDO A QUE TE ABANDONEN

—Es que, si le digo que no, le va a sentar mal y dejará de invitarme. Prefiero decirle que sí, aunque no me venga bien acompañarlo ese día.

—Si no te viene bien, tendrías que decírselo. No pasa nada, y si se enfada y se va, ¿qué pasa? Sería que no le importabas mucho.

—Para ti es muy fácil decirlo, pero yo no sé qué hacer si me deja. No quiero ni pensarlo.

—¿Tienes miedo a estar sola, o a que te deje? Si no puedes ser tú a su lado, en realidad te estás abandonando tú. Las personas van y vienen. Intenta ser fiel a ti misma y quien se vaya, simplemente no tenía que estar.

Vivir con miedo al abandono es más normal de lo que puedes pensar.

Detrás de una adulta con miedo al abandono hay una niña que no se sintió segura ni acompañada por las personas que amaba. El pasado no se puede cambiar, pero podemos comprender que nuestros padres lo hicieron lo mejor que supieron en ese momento, y tú, como niña, también. Ahora eres adulta y puedes responsabilizarte de ti misma y de tu propio bienestar. Eso es una suerte.

Si vives tus relaciones con miedo al abandono, probablemente no te muestres como eres, por si no les gustas; es más probable que te muestres como los demás necesitan que seas, para asegurarte de algún modo de que se quedan. Desde ese lugar, cualquier relación puede generar en ti dependencia emocional, ya que dependerás de su mirada, de su validación, aprobación o satisfacción para tú estar bien.

En extremo, el miedo al abandono se vive como una ansiedad intensa, a veces paralizante, en la que te anticipas a experimentar las sensaciones de que personas significativas de tu vida te abandonen, sin que haya pasado. Se activa la inseguridad profunda, el rechazo y el abandono, aunque aún no haya ocurrido. Y eso puede llevarte a un estado de dependencia o manipulación, que se puede manifestar en alguna de estas formas:

- Intentar ser lo que no eres.
- Priorizar a los demás antes de ti.
- Generar dependencia de otras personas en tus relaciones.
- Necesitar atención el cien por cien del tiempo.
- Obsesionarte con que pueda dejarte.
- Sentir que no eres suficiente y no mereces amor.
- Tener dificultad para conectar profundamente con las personas por miedo a que se vayan.
- No poder confiar en los demás ni entregarte.
- Necesitar aprobación constante.

Y muchas posibilidades más.

Pero ¿de dónde viene? Puede tener su origen en tu propia historia familiar; si es así, eso te puede ayudar a comprenderte. Si has vivido la experiencia de abandono de alguno de tus progenitores, voluntaria o accidentalmente, esa herida vive en ti. Si tus vínculos de apego en la infancia no han sido seguros, también es posible que se manifieste de alguna forma en tu vida adulta. O si has vivido manipulaciones, abusos o violencia vicaria, también es posible que vivas las consecuencias de mayor. Pero a veces miramos atrás y no encontramos esas experiencias en nuestra historia y, sin embargo, vivimos con miedo al abandono. Te recomiendo hacer un proceso de exploración cuando tú lo sientas para ver de dónde puede venir y cómo cambiarlo.

La realidad es que, si en ti vive ese miedo al abandono, a que te dejen, a que las personas importantes para ti no estén disponibles para ti, va a ser más complicado priorizar tu bienestar y tu autenticidad, porque vas a necesitar asegurarte de que nadie se alejará de ti, por tu bienestar psicológico.

Es muy difícil permitirte ser tú si en tu interior vives con miedo a que, si eres tú, puedan dejarte. Vivir con miedo a vivir, a entregar, a entregarte. El resultado de eso es vivir para agradar a los demás, abandonándote a ti misma en el camino.

La vacuna para eso se llama autoamor. Cuanto más te cuides y te valores a ti misma, menos dependerás de la aprobación externa y el miedo al abandono irá transformándose en seguridad, confianza y salud relacional.

Te ayudará reconocer en ti ese sentimiento (abandono, miedo, dependencia emocional), identificar de dónde puede venir (experiencias pasadas o creencias), y el desapego emocional: recordar la importancia de la libertad de cada persona para elegir quedarse o irse. Recuerda tu valor al margen de que alguien no te elija; encuentra tu amor, aunque sientas que alguien no te ama. No puedes controlar que alguien te abandone, pero sí puedes elegir no abandonarte tú.

Sé amable contigo misma para comprenderte, comprender tu historia, sanar y crecer.

Acompáñate en tu proceso, cuidándote en cada parte del camino. Sé tú, a pesar de todo, además de todo. Sé auténtica.

Dile a tu niña:
«No hay nada malo en ti.
Nunca lo hubo».

36. HERIDAS DE LA NIÑA QUE VIVE EN TI

A veces me olvido de que, aunque mi cabeza está haciendo el doctorado, mi herida de la infancia sigue en primaria.

Se regalan dudas

En el fondo de cada mujer, hay una niña herida que necesita ser vista y abrazada. En el fondo de cada hombre, también. Niñas que, en su infancia, sintieron abandono, rechazo, comparaciones, invalidación emocional, y muchas emociones y sensaciones que se quedaron ancladas en su corazón, y que aunque pasen treinta años, siguen activándose de forma recurrente porque no hemos sabido sanarlas. En el camino a la autenticidad, es necesario mirarlas, reconocerlas, darles espacio y amor para sanarlas. ¿Cómo puedes descubrir las heridas que viven en ti? Algunos indicadores pueden ser estos:

- Si en tu infancia no te sentiste vista, valorada o validada, es posible que ahora necesites demostrar constantemente tu valor, para ser vista y reconocida.
- Si en tu infancia no sentiste que validaban tus opiniones, es posible que ahora tengas miedo a equivocarte o no te lo permitas.
- Si en tu infancia no sentiste apego seguro, de adulta sentirás que tienes que dar más, esforzarte y sacrificarte para que las personas se queden.
- Si en tu infancia te sentiste criticada y comparada porque tenías que ser diferente, de mayor es posible que sigas sintiendo el «no soy suficiente».

- ★ Si te faltó el vínculo seguro con tu padre o rol paterno o sufriste mucho, quizá te creas una armadura emocional para no ser herida.
- ★ Si te faltó tener referentes o apoyo emocional y familiar en tu infancia, es posible que de adulta tengas exceso de control sobre tu vida para poder sentir esa seguridad que te ha faltado.
- ★ Si en tu infancia te sentiste abandonada, de adulta es posible que tiendas a querer ser «muy independiente», escondiendo detrás tu miedo a volver a sentir ese abandono.

Sea lo que sea lo que vivieras en tu infancia quiero decirte que no hay nada malo en ti, y nunca lo hubo. Que ahora tienes el poder de reencontrarte con tu niña, abrazarla y decirle que todo está bien, que no hay nada malo en ella, en ser como es, y cuidarla y ayudarla a que se sienta feliz y acogida. Que somos la madre que quizá nos faltó, y podemos darnos eso que necesitamos.

Sanar implica, entre otras cosas, aceptar que tus padres no han sabido darte eso que esperabas, y que seguramente no sepan tampoco ahora. Quizá ahora puedes dártelo tu. Ahora, la persona adulta y responsable de tu vida eres tú.

Una vez leí una pregunta que decía: «¿Quién eres más allá de ese rol que tus padres te asignaron al nacer?». Pregunta incómoda, porque no es fácil darte cuenta de que quizá llevas toda tu vida tratando de complacer esa expectativa parental, sin saberlo, como único objetivo a perseguir. Ese rol que te asignaron está lleno de ellos, no de ti; de sus miedos, necesidades y deseos. Esto se traduce en un personaje que construimos para ser lo más parecido a lo que esperan que seamos, como si fuera un disfraz, y que, si se nos olvida quitárnoslo, pasamos toda una vida en un traje que no es nuestro. Y precisamente en nuestra familia es donde más nos cuesta, porque el precio que pagamos si dejamos de ser lo que nuestra familia desea para nosotras puede ser la desvinculación, el rechazo o la distancia. Y no, no tenemos por qué estar preparadas para eso ni tampoco tener que estarlo en este momento. Pero sí, saber que cuanto más vayas ganando en seguridad y autoamor, más fácil te va a ser transitar el cambio, tener la conversación difícil o soltar el rol que ya no resuena contigo en esta nueva versión de ti.

Todo lo que sanes en ti tiene repercusión en tu familia y entorno. Esta es una noticia muy bonita porque nos recuerda que, aunque alguna vez lo parezca, nunca estamos solas, somos nosotras + nuestras relaciones, y todo lo que trabajes en ti tiene su impacto en tus relaciones. Incluso lo más doloroso, una ruptura, la distancia o un silencio, a veces son necesarios en nuestra vida para «separarme de ti y encontrarme a mí», y luego volver. Todo está bien porque todo es parte del proceso.

Y entonces en este momento de tu vida, ¿amas desde tu herida o desde tu cicatriz? Amando desde la herida de tu niña tiendes a abandonarte a ti misma para que no te abandonen, a veces olvidándote de ti, siendo dependiente, callada o sumisa, o desde el otro extremo, manipulando, maltratando y exigiendo, aunque lo que se esconde detrás siga siendo el miedo a ser abandonada.

Amando desde la cicatriz (la herida ya sanada) cultivas tu autenticidad y el respeto a la relación, al otro y a lo que construís juntos. La diferencia está en identificar la herida y sanarla, sanarte, sabiendo que todas tenemos y que son muchas.

¿Cómo sanar nuestras heridas emocionales de la niña interior?

1. Conocerte a ti misma y (re)conocer las heridas que están presentes en ti.

2. Aceptar que las heridas emocionales forman parte de ti y honrar tu historia.
3. Comprende de dónde viene, qué viviste y cómo esa experiencia quedó anclada en ti creando la herida emocional (y el trauma).
4. Aprender a relacionarte con las emociones que esa herida te genera y compréndete.
5. Date el permiso de enfadarte (ira) con las personas que crearon o alimentaron esa herida, como parte de tu proceso de liberación. La ira es muy sana para liberar energía contenida y enfadarte es parte del proceso.
6. Perdónate a ti misma. Muchas veces es el mayor obstáculo o lo que más nos cuesta, porque nos culpamos por la vivencia. Recuerda que solo eras una niña y te tendrían que haber cuidado.
7. Puedes evolucionar en este proceso perdonando a las personas que te generaron esa herida, solo si quieres y estas preparada para ello. Es importante saber que a veces no sabemos actuar de otra manera, o no hay consciencia del daño que hacemos. Comprender desde esas reflexiones a veces es más fácil para perdonar. Perdonar es liberar y liberarte (para temas más delicados como abusos, sigue indicaciones de tu terapeuta o psicólogo).
8. No rechaces; integra. Ninguna transformación es posible si no aceptamos nuestras heridas emocionales. Haz espacio, escúchate y no huyas de lo que tu cuerpo te dice. Ahora es el momento de estar contigo.

Gracias por atender estos pasos, por mirar tan adentro y por ser tan honesta contigo. Eres muy valiente. Es un paso muy importante para amarte como eres, amarte con todo, y caminar hacia tu autenticidad con todo lo que hay en ti.

En la aceptación de todo lo
que soy, florece el amor
incondicional a mí misma.

37. HONRA TU VIDA

La autenticidad es la práctica diaria de dejar de lado lo que creemos que debemos ser y asumir lo que somos.

Brené Brown

Mira tu camino. Honra tus pasos. Todo lo que has caminado hasta llegar aquí.

Todo es parte del proceso de ser tú.

El amor, el rechazo, el dolor.

Es muy difícil que te permitas ser tú si te avergüenzas de tu camino, de quien un día fuiste, de tu familia, de tu vida. Todo es parte del plan perfecto que te ha hecho ser quien eres hoy.

Dejar de rechazarte para aprender a amarte. Dejar de esconderte para empezar a mostrarte, a compartirte y a sanarte. Todo es parte del camino que la vida tenía para ti, y honrar cada paso de tu existencia es parte de tu camino de autoamor, para ser verdaderamente auténtica.

Sé que es difícil comprender partes de tu vida, especialmente si sufriste abusos, agresiones o rechazo en tu infancia o adolescencia, o incluso si lo estás viviendo ahora. Nadie tendría que pasar por ahí. Son episodios que marcan nuestra vida, y desde ese momento ya nunca es igual: perdemos inocencia, alegría y confianza, y ganamos miedos, separación y desconfianza. Si ampliamos la perspectiva y aplicamos una mirada más amplia a nivel sistémico podemos incluso tener comprensión de lo que hemos vivido: resulta que al vivir eso nosotras, hemos sanado algo del sistema que estaba pendiente, y a la vez hemos salvado a otras personas de vivirlo ellas. «Sanado» y «salvado», dos palabras poderosas que te pueden ayudar a la comprensión de ese «por qué» que quizá tantas veces has preguntado. Y dando un paso más, a nivel espiritual, esas vivencias te han transformado profundamente, sin duda, situándote en un lugar en el que quizá tienes mayor comprensión, mayor empatía, mayor amor por las personas. Y a nivel álmico, supuestamente tu alma eligió tener esa vivencia antes de encarnar aquí, para aprender y evolucionar... no se sabe. Te lo expongo aquí para acompañarte a ampliar la mirada, incorporando nuevas formas de ver tu vida, y no es necesario que en este momento tengas que verlo o pensar así. Si has hecho mucho trabajo personal sobre tu vida te será más fácil ampliar la mirada, y si todavía no has tenido la oportunidad de hacerlo, cuando lo sientas, será el momento. No te sientas forzada por estas reflexiones que estoy compartiendo contigo.

Lo que sí quiero decirte es que hayas vivido lo que hayas vivido, es posible y precioso que puedas honrar tu vida. Que al mirar tu vida lo puedas hacer con la cabeza alta, pasara lo que pasara, vivieras lo que vivieras, porque al margen de lo que hicieron o no hicieron otros, tú hoy estás aquí. Y eso significa que has salido victoriosa, superviviente, transformada, fuerte, siendo más de lo que ya eras. Solo por el poder de aprendizaje y transformación que tienes mereces honrar tu vida.

Honrar tu vida.

Honrar tu camino.

Honrarte a ti.

Siéntete auténtica.

Confío en mí,
creo en mí,
sé que puedo.

38. YA NO MÁS HACERTE PEQUEÑA PARA NO INCOMODAR

—Me cuesta encontrar el equilibrio entre ser fiel a mí misma y mantener la armonía en mis relaciones. A veces siento que me tengo que hacer pequeña para no incomodar o esconder partes de mí para que otros no se sientan mal.

—Es un desafío, pero recuerda que al ser auténtica estás invitando a los demás a ser auténticos también. No tienes que disculparte por ser quien eres. Permítete ser como eres, y permíteles a los demás aceptarte como eres.
Donde sientas que no puedas ser tú misma, quizá no debas estar. Recuerda que las conexiones más significativas se dan cuando podemos ser nosotros mismos sin miedo al juicio o la incomodidad.

Esconderte para no molestar no es amor, y mucho menos autoamor. Toda relación que no refleje equidad es tóxica. Si necesitas hacerte pequeña o anularte para que el otro esté bien, tú estás mal, por tanto, no es sano. Y es aplicable a relaciones de amor, amistad, profesionales y familiares. Y de lo que sea.

Yo lo he vivido en pareja, en mi profesión y en relaciones que llamé amistad. En la primera, tenía que reducir mi impacto e importancia profesional porque le intimidaba demasiado. Traducido es hacerme pequeña profesionalmente para que él no tuviera complejo de inferioridad profesional conmigo (esto es más común de lo que pensamos; tengo algunas amigas con este problema actualmente). En la amistad, recuerdo una vez que me esforzaba por parecer más insegura, menos sexy, y menos inteligente, para que ella se sintiera menos acomplejada. Sí, es brutal leerlo ahora así, pero en el momento no me di cuenta, solo al finalizar un viaje juntas sentí que me faltaba el aire, y es porque hay un esfuerzo importante en esconderte y hacerte pequeña para que el otro esté bien. Está claro que más allá de la naturaleza, la necesidad y los traumas de cada persona, en última instancia eres tú misma la que decides, toleras o aceptas cierto rol en tu relación. Con esa creencia de «cuidar el bienestar del otro» te olvidas de cuidar el tuyo. Y eso está lejos de esa autenticidad de la que te hablo en este libro, y hacia la que —por suerte— vamos caminando todas cada día de nuestra vida. Y hoy un poquito más.

No es tu problema que los demás te vean grande, segura, capaz, más grande que ellos. Recuerda que la gente ve el 1 % de lo que eres; muy pocos ven lo que no se ve. Nadie ve tu camino, lo que has atravesado hasta llegar aquí, las veces que te has caído o te has levantado. La gente solo ve lo que se ve, excepto unos pocos, que se regalan mirar más allá de lo que se ve. Si te miraran por dentro, podrían ver esa niña que tantas veces se hace pequeña porque no consigue creer del todo en ella. Verían los miedos que te acompañan cada vez que tienes que tomar una decisión, o la inseguridad que viste tu cuerpo cuando te enfrentas a algo nuevo. Y también verían la mujer poderosa que vive en ti, capaz de hacer frente a todo eso, y aun así, seguir adelante, probando, experimentando, intentándolo, haciéndolo. No es justo ver una cosa sin ver la otra. Ellos no pueden verlo, pero tú sí. Tú sí eres capaz de ver lo que te ha costado llegar aquí, así como eres. Las veces que has dicho no porque no podías decir sí, las veces que has dicho sí porque no sabías decir no. No es justo que juegues a hacerte pequeña para no incomodar a los demás con la grandeza que eres. No, no eres pequeña. Y tu confianza y expansión pueden inspirar a otras personas a dársela también. Puedes elegir qué influencia quieres ser en el mundo, en este momento.

Inspiración, permitiéndote tu grandeza.

Pasar desapercibida, cuando no te lo permites.

Rechazo, cuando criticas la grandeza de los demás.

Piénsalo. Siéntelo en ti.

Lo que te permitas a ti lo vas a permitir en los demás. Y viceversa.

Atrévete a incomodar siendo tú. Llénate de la fuerza que eres, abraza tus miedos, calma tus inseguridades y da un paso adelante.

No pidas permiso para ser tú. Para vivir tu vida. Para crear tu camino, igual que nadie te lo pide a ti.

Permítete una grandeza auténtica.

¿Cuántas personas somos
por miedo a ser nosotras mismas?
La que nunca habla.
La que nunca se queja.
La que lo hace todo por los demás.
La que se enfada con el mundo para protegerse.
La que evita sentir para no sufrir.
La que puede con todo para buscar validación externa.
La que necesita ser vista para verse a sí misma.
La que cubre los vacíos de los demás para no mirar los suyos.
La que ayuda a todo el mundo para dar sentido a su vida.
¿Cuál eres tú?
Somos todo, somos nada.
Eres un poco de todas las versiones de ti y a la vez todas
las que aún no sabes que eres.
Aprendiendo unas y soltando otras.
De ti, ámalo todo.
Comprende tu camino, tu historia y la función de todas
tus versiones en tu vida para amarte de verdad a ti.
Todo tiene su sitio, y todo ha hecho su función.
Ama a todas las versiones que viven en ti,
pero, sobre todo,
ámate a ti.

39. HAGAS LO QUE HAGAS, LLÉNALO DE TI

Ser auténtico significa haberse liberado de las pautas de expresión y de conducta preconfiguradas e impuestas desde fuera.

Byung-Chul Han, filósofo

Mereces llenar de ti cada cosa que haces. No importa en lo que trabajes, lo que hagas, a lo que te dediques en este momento; no hay nada más importante que estar contigo, con presencia, plenamente, llenando de ti todo lo que haces.

Una de las formas más bellas de ser auténtica es permitirte impregnar de ti cualquier cosa que hagas, dejar tu sello, hacerlo a tu forma, dejando tu huella única y personal en cada una de las acciones personales y profesionales.

Que se note por dónde has pasado.

Que se note que eres tú.

Nadie puede ser como tú, y ese es tu poder, dice una frase que leemos repetidamente en redes. En realidad, sería así; si te permitieras realmente ser tú, sentir lo que haces, conectar lo que haces con tu corazón, escuchar todo lo que hay en ti a la hora de expresarte y hacer algo, nadie puede ser como tú, por supuesto. Porque tus pensamientos, gustos, preferencias, intereses y talentos solo los tienes tú. ¿Alguien puede hacer lo que haces tú? Sí, pero no en esencia. Y ahí está efectivamente tu poder. En ser auténtica.

Por ejemplo, profesionalmente hace tiempo dejé de sentirme en competencia para estar en colaboración, compartiendo proyectos incluso con personas que hacen lo mismo que yo. Objetivamente podríamos ser competencia, porque hacemos lo mismo. Pero mi sentimiento, mi mirada, mi certeza, es que Laura solo hay una; mi forma de sentir lo que digo, de hacer lo que hago o de compartir lo que sé está cien por cien impregnada de mí, por tanto, no hay nadie que lo haga como yo. No es ego, es autenticidad. Y la calma que te da saber que estás impregnando de ti todo lo que haces y que tu forma es única porque sale de lo más profundo de ti. Lo mismo si eres artista, creador, cantante, tengas la profesión que tengas. Porque solo aportando tu simpatía, tu empatía, tu forma de conectar con el otro, ya estás impregnando de ti lo que haces sea cual sea tu profesión. ¿Eso significa que le vas a gustar a todo el mundo? La respuesta es no, y nuestro reto es aprender a vivir con ello y normalizar que en la medida en la que tú eliges mostrarte más, ganarás apoyo y perderás seguidores, así todo junto. Porque habrá personas que no se identifiquen con tu forma «tan tuya» de hacer, y se irán, y otras personas llegarán atraídas precisamente por esa forma tan tuya de hacer. Un juego cíclico.

Lo que puede alejarte de elegir llenar de ti todo lo que hagas puede ser el miedo a hacerlo diferente a lo que se hace, el miedo a mostrarte con tu forma de hacer al mundo, o porque tú misma te valores por debajo de tu verdadero valor. En el momento en el que identificas y gestionas esto, te invito a que sea una decisión consciente abrirte al mundo, entregar lo que hay en ti a los demás y a todo lo que hagas, crear desde quién eres, qué sientes y cómo lo ves, aportando tu mirada única al mundo honrando tu autenticidad. Picasso, Van Gogh, Klimt fueron pintores arriesgados para su época, como en su día lo fueron artistas como Leonardo da Vinci, Miguel Ángel Buonarroti o Dante. O una de las poetas más valientes de Italia, Verónica di Franco, que se atrevió a hablar de empoderamiento femenino y del placer en la mujer y sus derechos en la Venecia del siglo XVI, cuando nadie lo hacía. Y en nuestros tiempos, es evidente y eterna la capacidad de innovación de Madonna o Michael Jackson, o de Missy Elliott o Rosalía. Te pueden gustar más o menos, pero, sin duda, se atreven, cuestionan lo que hay, crean algo diferente, y lo crean desde su mirada, su realidad o lo que verdaderamente sienten que es su camino.

Eso me atrevo a pedirte a ti.

Honrando tu ser auténtico, ¿qué podrías hacer diferente ahora?

¿Cómo podrías hacer lo que haces poniendo más de ti?

¿Cómo podrías hacer algo que ya se hace, a tu forma?

Así te aseguras de que, en tu camino de vida, vas ganando autoconocimiento, vas ganando confianza, seguridad, autoamor, y estás honrando tu autenticidad. Y todo esto se refleja en el mundo que entre todos estamos creando; un mundo que podemos hacer cada vez más del alma, más de verdad, más auténtico.

¿Te imaginas un mundo lleno de personas haciendo cosas grandiosas desde su alma? Yo sí. Solo tenemos que mirar el arte para ver que es posible.

Regálate el permiso de crear desde tu ser auténtico.

Para ti misma, y para el mundo.

Todo lo que de verdad eres
está esperando a ser visto,
solo tienes que mirar
en el lugar correcto.

40. HONRA TU TRANSFORMACIÓN

En el momento en que una siente que no soporta más mirarse, comprende que la imagen que tiene delante no es una misma.

Frida Kahlo

En cada transformación hay mucha valentía.

Si la transformación requiere valentía, y toda tu vida es transformación, podemos decir que eres muy valiente.

Por si se te había ocurrido pensar lo contrario.

Dicen que no sabemos realmente si somos valientes o no hasta que hacemos algo valiente. Por tanto, no importa lo que pienses de ti; tu propia vida te demuestra que sí lo eres.

En toda transformación hay una piel que se muda, para hacer espacio a la nueva. Esa piel es una vida anterior, tu mirada a la vida, relaciones, expectativas, sueños, miedos y limitaciones. En ese proceso puedes sentir cómo los sueltas, cómo se van desprendiendo partes de ti y quedándose atrás, a veces con amor, a veces con dolor, a veces con resistencia, todas y cada una de ellas desvistiéndote hasta quedarte sin nada.

Hasta que se hace el silencio.

En todo proceso de transformación hay un duelo, el duelo por la muerte de quien eras hasta hoy, soltando las partes de ti que ya no tienen espacio para ver nacer otras que están llamadas a ser en este momento de tu vida.

Es un proceso a veces lento, a veces abrupto, a ratos doloroso y sobre todo lleno de vacío. Porque en las transformaciones vives la experiencia de quedarte sin nada de lo que eras, para hacer espacio a lo que puedes llegar a ser.

Honra tu transformación, porque cada transformación es un proceso de vida y de muerte, apto para valientes, aunque no lo sepan, en el que sienten la pérdida, el vacío y la nada como sostén en el proceso de volver a empezar.

Es un nuevo comienzo en el que aún no sabes qué está por venir, solo sientes lo que estás perdiendo. Ahí, en medio de esa muerte simbólica del que muda parte de lo que era para abrirse a un vacío sin nombre, tienes que confiar en el proceso. Confiar en que lo que está por venir está llegando, en que el vacío que vives es necesario para lo que viene, y en que lo que se ha quedado atrás ya no tenía espacio en esta nueva versión de ti. Necesitas ser fuerte de alma, y elegir mirar más fuerte lo que está por venir, aunque no lo conozcas, que lo que dejas atrás, aunque haya sido tu vida.

Abrirte a la transformación requiere de una valentía que viene del alma.

Y de pronto el alma habla.

Y te pide que cambies, que sueltes, que saltes, que rompas, que cortes, que grites, que dejes salir eso que no escuchas... Ese grito es una motivación divina que te guía, una voz que te avisa, un mensaje que te inspira el cambio que debes hacer, y que tantas veces no escuchamos por miedo y por no creer. Experimentarás una especie de sufrimiento espiritual que se manifestará en tu vida hasta que por fin la escuches, hasta que por fin te escuches, y comiences a moverte en esa dirección abriéndote a la transformación para poder vivir una vida más auténtica.

Y en ese momento empieza todo una vez más.

Honra tu transformación: honra cada paso de tu vida, los miedos que has abrazado para poder llegar aquí, la voz que has escuchado y a la que has dicho sí, las partes de ti que has soltado para hacer espacio a lo que está por venir, y vive con el alma abierta tu vida de cambios, de comienzos y finales, en los que cada uno te vacían y te llenan de ti, te inspiran, te impulsan, te motivan y te elevan a un siguiente nivel de evolución vital y espiritual.

Honra y ama tu transformación para permitirte vivir una vida auténtica.

En un mundo de perfección aparente,
de felicidad continua y sonrisas impostadas,
donde parece que todo el mundo es feliz y vive una vida
maravillosa, es todo un reto ser tú.
Resulta que la felicidad que ves en los demás no es tanta
felicidad, porque muestran solo una parte y no cuentan el
agotamiento y tristeza que les genera esconder lo que sienten.
La perfección está llena de imperfección y la sonrisa también
se agota, y todo es parte de la vida y todo está bien.
Y ahí en medio, tú.
Con la posibilidad constante de elegir si seguir la corriente
de la apariencia perfecta o, simplemente, ser tú.
Y descubres que lo primero te llena de vacío, y que solo cuando
te muestras auténtica, te sientes segura y fuerte,
pero, sobre todo, coherente.
Y resulta que la verdadera felicidad está más cerca de ti cuando
no la buscas y simplemente ERES.

41. REVISA TUS COMPROMISOS PARA SER FELIZ

Los nuevos comienzos a menudo se disfrazan de finales dolorosos.

Lao-Tse

Hay tantas personas viviendo una vida de mentira, que permitirse vivir una vida auténtica parece un lujo.

Vidas de mentira son vidas que un día se firmaron y nadie nunca volvió a revisar. Parejas que se casaron, pero ya no recuerdan por qué, trabajos que te enferman porque ya no te hacen bien, casas que te llenan de energía negativa y no sabes cómo moverte... Nuestra vida ha estado llena de esos contratos que a veces, cuando pasa el tiempo, poco tienen que ver con nosotros. Es interesante observar cómo no es algo normal permitirte el cambio, los finales y los nuevos comienzos en esta sociedad que somos; está mejor visto mantener un matrimonio, aunque sea infeliz, que deshacerlo porque no eres feliz. Está mejor visto quedarte en la empresa en la que llevas ocho años, aunque tomes antidepresivos para afrontar tu día a día, que romper ese contrato y buscar nuevas opciones que te den más paz. ¿Tú lo entiendes? A mí me cuesta mucho, pero soy consciente de que vivimos en este *matrix* que todos hemos comprado. Antes de juzgar a alguien, opinar de su vida cuando cambia de pareja o de trabajo, pregúntate cuánto miedo, cuántas dudas, cuántas preguntas se habrá hecho para tomar esa decisión, porque en este *matrix* estamos todos. Pero a veces vivir una vida auténtica implica tomar decisiones difíciles porque lo que tienes en este momento ya no resuena contigo.

Los compromisos que no caducan pueden enfermarte, cuando entregas tu vida a una decisión, y esa decisión ya no resuena contigo. Tú cambias, por tanto todo cambia, tu mirada cambia, los ojos con los que miras lo de siempre, la ilusión que te genera afrontar cada día tu trabajo (o todo lo contrario) o las ganas de seguir compartiendo tu vida con la misma persona. Si algo de eso cambia, no te pasa nada; estás viva. Viva, en evolución, en constante cambio, y eso implica que tus decisiones, tus compromisos, tus ilusiones, sentimientos o sueños van a cambiar. Y es perfecto.

Pero ¿qué hacemos con ello? Hay quien por miedo a cambiar lo que un día firmó lo calla. Y ese silencio forzado de algo que está gritando en tu interior te enferma. Ansiolíticos para ir a trabajar, antidepresivos para poder vivir tu propia vida... No quiero trivializar con este tema, pero si miras alrededor hay más de eso que de personas que asumen que algo ha cambiado y se atreven a salir de donde no están felices. Me gustaría que reflexionaras cómo lo gestionas tú, si alguna vez te ha pasado, o cómo crees que lo harías. Recuerda que cuando vives en coherencia contigo, no necesitas esos medicamentos para vivir tu vida.

Vivir una vida auténtica es vivir una vida en coherencia con quien eres tú. Escucharte, respetarte, permitirte transformarte y soltar lo que ya no eres, y construir, con tus decisiones y tus pasos, una vida que refleje quién eres y qué quieres de verdad. Para eso es necesario dejar de escuchar y mirar alrededor, incluso a quien te ama, y comenzar a escucharte y mirarte a ti. Preguntarte qué quieres, pero de verdad. Eso que quieres tú y es solo tuyo. Descubrir qué ya no quieres, porque te pesa, te ata y te ancla a una vida que ya no tiene mucho que ver contigo (aunque antes sí). Reconectarte con tus talentos, esos que no cuentas a nadie, incluso a veces, ni siquiera a ti misma. Todo lo que eres está esperando a ser visto, por ti, y a ser compartido con el mundo.

Vivir una vida auténtica implica ser fiel a ti misma. Aprender a decir no a todo lo que ya no tiene resonancia contigo.

Resonancia = que conecta con tu alma.

Vivir una vida auténtica va más de soltar que de aprender, o en su caso, aprender a soltar. Soltar todo lo que ya no eres tú, desnudarte de esas verdades que te han acompañado toda la vida y que ya no son verdad para ti; cuestionar esas verdades absolutas te va a hacer sentir libre de elegir cuáles ya no son para ti y cuáles quieres incorporar porque te suman.

Una vida auténtica implica establecer límites en tus relaciones. Vivir complaciendo a los demás te aleja de ti, y aunque creas que te acerca a ellos, en realidad se acerca a la imagen de ti que has creado para que te quieran. Es necesario comenzar a desligarte de esa necesidad de complacer, de necesitar, de aprobación y de amor a cualquier precio, para ser cada vez más tú, en esencia, y que de forma natural se filtren tus relaciones para quedarte con las que son de verdad y te quieren por cómo eres, no por lo que haces por ellas. Es un regalo de la vida poder ver cómo funciona ese filtro, y descubrir quién se queda por el camino y quién sigue caminando contigo.

Hay muchos miedos, unos aprendidos y otros prestados, muchas palabras arraigadas en el alma, tanto que nunca las cuestionamos, pero siempre nos acompañan, y mucho de los sentimientos y deseos de los demás en nosotros, que apenas queda nada de nosotros cuando quieres mirar. Y a los valientes que queremos encontrarse de verdad con nosotros mismos se nos recomienda un ejercicio muy de valientes: desnudarnos de todo lo que no somos, soltar lo que nos han prestado, desaprender lo que hemos aprendido, y ser cada día un poco más nosotros mismos.

Parece fácil, pero es un ejercicio lleno de sorpresas, sombras y miedos. Porque, claro, ¿quién eres tú cuando ya no eres tú? Ese «tú» que creías conocer. ¿Quién soy yo cuando me desconozco? ¿Quién soy cuando dejo de responder a todo lo que el mundo demanda de mí? Justo ahí, comienzo a ser verdaderamente yo. Pero es una travesía, un camino, un proceso lleno de miedos, de vacío, de incertidumbre, y de tiempo. Pero también de luz. La luz de saberte cada día un poco más verdad contigo mismo/a.

¿Cuántos años tienes? Pues llevas todos esos años buscándote.

Quizá te mereces ese encuentro.

Descubrirte de verdad. Sentir que por fin estás contigo. Soltar por el camino todo lo que ya no eres tú. Vivir viviendo. Sentir que por fin estás viviendo tu vida. Sentir que por fin eres tú.

Sí, esto también es autoamor. Decidir amarte y respetar todo lo que eres, y relacionarte desde ahí con el mundo es autoamor. Y también todo lo que vas a descubrir en este libro: descubrirte a ti, hacerte espacio, darte valor, ponerte en valor y darte el permiso para ser tú y ocupar tu lugar en el mundo.

Porque, como te contaba en *Autoamor*, cuando tú te ordenas por dentro, todo se ordena por fuera. Y eso vamos a hacer en estas páginas: aprender a amarnos con todo lo que somos, sintiendo nuestro valor, reconectándonos con nuestra verdad, y, desde ahí, encontrar nuestro lugar en el mundo, en lo que somos, en lo que hacemos, regalándonos —por fin— el permiso de brillar.

Autenticidad es la valentía de dar un paso hacia delante amando todo lo que eres, abrazando tus miedos, respetando tu esencia, reconociendo todo lo que hay en ti que no es tuyo, honrando tus orígenes, y también tu destino. El destino de ser tú, de verdad, por fin y al fin. Y el camino para llegar es la autenticidad. Y enamorarte de ti en cada paso, en cada descubrimiento, en cada decisión.

¿Cómo saber si estoy siendo auténtica? Porque sientes paz.

La paz interior viene de la coherencia, y la coherencia de la autenticidad.

Para ser auténtica es necesario que seas coherente contigo misma, y para ser coherente necesitas conocerte profundamente, y vivir en armonía con tus principios, creencias y acciones. La falta de coherencia en tu vida puede alejarte de esa paz interior que tanto anhelas. La coherencia es necesaria para vivir una vida auténtica y ambas, coherencia y autenticidad, te llevarán a un lugar donde la paz interior sea tu estado más estable y permanente porque está arraigada en tus más preciosas raíces: el autoconocimiento y la fidelidad a ti.

Revisa los compromisos que firmaste alguna vez en tu vida, para asegurarte de que siguen estando en coherencia con quien eres tú, hoy.

Crea tus nuevos compromisos desde la autenticidad.

Soltar, soltar, soltar.
Se habla mucho de soltar y poco de aprender y agradecer.
Soltar es dejar ir eso que tanto te ha enseñado.
Porque te ha dolido o porque te ha ayudado.
Pero en este momento ya no lo necesitas.
Porque has aprendido o porque has evolucionado.
Soltar miedos.
Soltar excusas.
Soltar personas.
Soltar relaciones.
Soltar vínculos.
Soltar sueños.
Soltar ilusiones.
Soltar proyectos.
Soltar partes de ti que ya hicieron su función.
Soltar partes de ti que ya no resuenan contigo.
Soltar lo que necesites de ti para hacer espacio a una nueva tú.
La misma, pero más libre.
Como una mariposa que se transforma en cada vuelo;
así tendríamos que ser con la vida.

42. CREENCIAS QUE LIMITAN Y EXPANDEN TU VIDA

—Amarse a uno mismo es ser egoísta. Lo normal es amar a los demás, porque si todos nos amasemos a nosotros mismos, sería una sociedad individualista.

—Podemos cuestionar esa afirmación. ¿En qué momento amarte a ti mismo excluye amar a otros? ¿De dónde viene esa idea? ¿Qué se escuchaba en tu familia sobre el amor a uno mismo y el autocuidado? Amarse a uno mismo es el eje sobre el que se sustenta todo lo demás. El autoamor es la práctica diaria de llenar tus manos de agua para poder compartirla con los demás. La forma en la que te amas a ti mismo se proyecta en cómo te relacionas con los demás y con la vida. Amarte a ti mismo es justo lo contrario a ser egoísta; es ser tu mejor tú, para ti y para los demás.

Conversación con Mara en sesión

Mucho se habla de creencias y poco trabajamos en ellas. Sin embargo, son la base del verdadero cambio en tu vida. ¿Cómo vas a vivir una vida auténtica si casi todo lo que hay en ti no es tuyo? Visto así... probablemente necesitemos profundizar un poco más en esto.

Las creencias son verdades absolutas que una vez te contaste o te contaron y ya se quedaron en ti y nadie cuestionó. Ahora actúan como filtros para ver e interpretar la realidad, tomar decisiones y mirar. Unas gafas. Tenemos muchas creencias adoptadas de lo que hemos visto, de lo que se siente normal en nuestra familia, si somos mujeres reproducimos creencias también de las mujeres de nuestra familia, y además aprendemos otras por nosotras mismas. Cuando no las cuestionas, están en ti, determinando todo lo que ves, piensas, haces, sientes y creas.

Imagina que en tu mente hay un CD con canciones grabadas que se reproducen continuamente. ¿Qué se escucha en tu mente? Solo esas canciones. Imagina que esas canciones las grabaste en 1985 y se llevaban entonces, te gustaban y te hacían bien. Pero hoy, 2024, 2025 o 2026, esas canciones se han quedado desfasadas, ya no te gustan y además no te sirven. Pero ahí están. ¿Qué tendrías que hacer? Grabar nuevas canciones en ese CD, actualizadas y que te hagan feliz.

Tus creencias son las canciones grabadas en el CD. Estás funcionando en 2024 con creencias que grabaste en ti en 1985, 1990 o 1995, da igual. Ya no te sirven, ya no te funcionan, no son útiles para ti y además te limitan, te bloquean y te hacen mal. Es el momento de revisar qué canciones hay grabadas en ti, para poder elegir cuáles te siguen gustando y mantenerlas, y cuáles puedes borrarlas grabando otras encima. ¿Así de fácil? En realidad, sí. Lo más complicado es reconocer las canciones que grabaste en tu CD. Quiero transitar este momento contigo y compartirte aquí algunas de esas canciones/creencias que encontramos grabadas en nuestro CD, por si te son familiares y puedes trabajar sobre ellas.

★ Para ser buena persona tengo que decir sí a todo y ayudar a todo el mundo todo el tiempo.
★ Tengo que complacer a los demás para ser buena persona y merecer amor.
★ La otra persona es más importante que yo. Priorizo que el otro esté bien y lo demás no importa.

- ★ Anular lo que quiero y necesito está bien, lo contrario es ser egoísta.
- ★ Aguantar y consentir forma parte del amor y de mi papel como mujer.
- ★ Es mucho mejor callar que decir lo que pienso y siento.
- ★ Cambiar de decisión o de opinión es fracasar.
- ★ El sacrificio por lo otros forma parte del amor y olvidarme de lo que necesito yo.
- ★ El cuerpo es más bello escondido o es para ser entregado a mi pareja.
- ★ Es mi deber que todos estén bien, bien atendidos y cuidados.
- ★ Que mi casa y mi familia funcionen es responsabilidad mía.
- ★ Es mejor anularme para que me acepten, que ser yo de verdad y que me puedan rechazar.
- ★ El placer y el disfrute sexual no es de personas puras.
- ★ Lo más importante es la estabilidad y seguridad, aunque desee algo que implique arriesgarme, estoy donde tengo que estar.
- ★ A mi edad ya no puedo cambiar.
- ★ Lo que no consigas antes de los treinta ya no es posible.
- ★ Más vale malo conocido que bueno por conocer.
- ★ Lo que haga la mayoría es lo correcto.

Según Bruce Lipton, nuestras creencias, especialmente las arraigadas en el subconsciente, tienen un impacto directo en la biología del cuerpo. Según este investigador, las creencias negativas pueden contribuir al estrés y a problemas de salud, mientras que las creencias positivas tendrían efectos beneficiosos incluso transformando la biología. Las creencias limitantes, que las aprendemos o creamos nosotras mismas, más que ayudarnos, nos limitan la vida y el desarrollo. Las creencias limitadoras reducen nuestro potencial, nos empequeñecen, y nos mantienen atrapadas en patrones de pensamiento negativos o autodestructivos. Cuando te dices frases como «Eso no es para mí», «Siempre me salen mal las cosas» o «No soy suficiente», te estás haciendo daño, a tu mente, a tu cuerpo y a tu capacidad de expandirte, crecer y evolucionar. En el otro lado, tenemos las creencias que expanden tu vida. Las creencias expansivas son aquellas que abren posibilidades y potencian el crecimiento y la autoafirmación, te llenan de fuerza, seguridad y capacidad para conseguirlo.

Las creencias limitadoras pueden afectar a tu camino de autenticidad al generarte inseguridad, dudas y miedos que te alejen del camino de tu corazón y tu esencia, por miedo a intentarlo. Identificar esas creencias puede ayudarte a que cada vez que aparezca una idea o pensamiento que limite tu libertad o autenticidad, puedas transformarlo en un pensamiento contrario a ese, que te ayude a confiar en ti.

Las creencias expansivas te promueven seguridad, un sentido de autoconfianza y aceptación que te va a facilitar expresar cómo eres y lo que quieres e ir a por ello. Una creencia como «Soy capaz de aprender todo lo que me proponga» o «Hacerlo diferente es bueno» te va a ayudar a dar ese paso, a intentar una nueva forma de hacerlo o a arriesgarte con algo que nunca hayas hecho antes porque te ayudas con esos pensamientos a creer en ti.

En relación a esto, necesito que reflexionemos juntas cuánto te permites crecer, o si quizá te da miedo mostrar al mundo tu capacidad y te limitas a ti misma intentando protegerte de algo. Es importante identificar estos patrones que pueden estar presentes en nuestra vida y nos genera un autoboicot, puesto que por mucho que digas que quieres evolucionar, crecer profesionalmente o que te vaya bien, si estas creencias o patrones están presentes, no te lo permitirás. Hace un tiempo escribí este texto que comparto contigo, sobre este tema:

«Tienes que caer al suelo para que yo te vea. Necesitar ser salvada. Estar triste y perdida, que no te vaya del todo bien. En este momento aparecerán en tu vida muchos "salvadores" que intentarán "salvarte" cuando estás mal. Lejos de ayudar, esto te invita a mantenerte en tu rol de víctima en tu vida, reforzando ese estado y esa necesidad de esperar a alguien que te saque de ahí.

¿Y cuando brillas, qué hacen? Cuando te permites dar ese paso al frente y brillar, ¿qué rol toman estas personas? ¿Crees que soportan bien tu brillo, tu éxito, o que seas feliz? Y, ¿cómo lo vives tú? ¿De verdad te lo permites? ¿O quizá tu rol de víctima no te da el permiso que necesitas para que te vaya bien?

Permítete integrar todas tus partes, todos tus roles, todas tus necesidades.

Permítete ser la que cuida a otro cuando lo necesite. Permítete ser la que reciba ayuda cuando lo necesites. Y permítete brillar cuando estés preparada para hacerlo.

Tú eres todo. Y cuando te permites ser todo, eres genuinamente tú».

Estos patrones de comportamientos surgen también en base a creencias, por ejemplo: «Si me va mal, me van a envidiar menos y ayudar más» o «Si me va muy bien, me van a criticar más», por lo que tomamos una actitud de contención del éxito, de encogernos, de no permitirnos el éxito al nivel que quizá tendría que llegar.

Revisa tus creencias presentes, esas frases, palabras y pensamientos que te acompañan en tu vida, y asegúrate de que te expandan y no te limiten, en tu camino a la reconexión con tu ser auténtico.

Tú también necesitas refugio.
Que te cuiden. Que te cobijen.
Que te digan que todo está bien.
Tú también necesitas el amor que das,
el abrazo que te para,
la mirada que te sostiene.
Ríndete a lo que es.
Yo me rindo. Me entrego. Me rompo.
En ese romperme, rompo también con el *yopuedocontodo*
y con mi afán de cuidar y salvar.
Ya no más vivir cansada por salvar al mundo
—que se salve quien pueda—.
Y ya no más olvidarme de mí para cuidar a los demás.
Me rompo y me rindo a lo que soy:
una mujer imperfecta que se equivoca y que cada día
sigue aprendiendo
que caerse es parte del camino,
que el error es aprendizaje
y a encontrar en mí ese refugio
donde está bien no estar bien, no saber,
permitirme el error y no hacer.
Y así, soltando los *deberías*, lo que se supone
y lo que un día fuiste,
simplemente
comenzar a SER.

43. LA NIÑA BUENA QUE VIVE EN TI

—Estar siempre para los demás y estar atenta a lo que necesitan es ser buena persona.

—Ayudar a los demás cuando estás disponible es ser buena persona; estar siempre para todo el mundo y olvidarte de ti, de lo que sientes, quieres y necesitas tú es buscar inconsciente y constantemente el amor fuera, porque tú no sabes dártelo. Los demás importan, y tú también.

Conversación con Clara en sesión

Hoy he tenido cuatro sesiones y en las cuatro me han hablado de culpa, dificultad para perdonarse y ser buena persona. Pero ser buena como el arma de doble filo que es «ser buena para que me quieran». Claro, eso no lo vemos, porque es más inconsciente, pero cuando profundizamos un poco en qué hay detrás de esa necesidad imperiosa de tener que ser buena todo el tiempo, con lo que eso conlleva, la respuesta a la que llegamos después de varias respuestas enlazadas es esa: soy buena para que me quieran. Wow. Brutal.

El SDSBPQMQ, lo que yo he llamado el «síndrome de ser buena para que me quieran», esconde detrás muchas cosas, pero no quiero que te sientas mal al leerlo. Aplicando el autoamor, piensa que nadie te enseñó a quererte, por lo que lo primero que aprendiste fue a buscar el amor fuera. Y esa niña, rodeada de adultos que tampoco sabían quererse a sí mismos, aprendió con los mensajes que recibía que para que la quisieran «tenía» que hacer lo que le decían (ser obediente y buena con los demás, no importa lo que necesitara ella misma) y ser como lo decían (educada, calladita, no llorar, no alterarse, compartir, y muchas cosas más). Y ahora viene el condicionante con el que hemos crecido casi todas: «si no» eres así y haces eso, no eres buena (y en la mente de niña, se produce la asociación perfecta con «por tanto, no te quiero»). Y sí, en algunas familias ese «no te quiero» incluso se verbalizaba.

Entonces ¿qué esperas de ti?, ¿cómo esperas ser hoy después de esa historia que es tu vida?, ¿cómo vamos a empezar a hablar de autoamor si no has descubierto que para amarte tienes que soltar todo eso que has aprendido?

Como les digo a las personas con las que trabajo estos temas: demasiado bien estamos. ☺

Y quiero recalcar aquí que ninguna de estas reflexiones va con intención de dañar o de que culpes a tus padres y cuidadores. Si me has leído en otros libros o escuchado, sabes que siempre refiero esa premisa de *intención positiva* que no podemos olvidar aquí: tu padre, tu madre, tu familia, hizo lo que hizo contigo lo mejor que supo en ese momento. Mi madre, por ejemplo, me tuvo a los veinte años. Muchas veces en mi vida he imaginado cómo sería yo siendo madre a los veinte, y seguramente lo habría hecho mucho peor que ella. Eso me llena de humildad para no juzgar, aunque a veces (como humanas que somos) se nos escapa. Aprender de lo vivido en tu propia piel, de tu historia, te puede inspirar a hacerlo diferente a ti a partir de ahora contigo misma primero, y con tus hijos después. No repetir lo que a ti te hizo daño, y mejorar lo que a ti te hizo bien. Siempre estamos aprendiendo, y ese es nuestro regalo.

Es importante que reflexiones sobre esto: esa niña buena que está en ti quizá te ayudó en tu infancia, en gran parte de tu vida, a salir adelante sintiendo que alguien te amaba, pero ¿te está ayudando ahora?, ¿te sigue ayudando verdaderamente hoy en día?, ¿sientes que te ayuda más de lo que te limita, o viceversa?

No eres tú, es tu niña obediente y lo poco que has creído en ti misma lo que te ha impedido dar ese paso. Hoy eres diferente.

Las expectativas de tu entorno, la educación que has recibido y por supuesto las influencias culturales y sociales pueden llevarte como mujer a sentir la necesidad de complacer y satisfacer a todo el mundo y todo el tiempo, normalmente anulando tus propias necesidades y deseos. Complacer anulándote. Ceder olvidándote de ti. Callar fuera para gritar dentro. Mantener el orden social, para crear una guerra en ti.

Esa niña buena, ¿por qué está todavía en ti?, ¿a qué te ayuda ahora?, ¿cómo te limita? Quizá es momento de reconocer a esa niña que aprendió a decir sí a todo para evitar el conflicto, que se olvidó de lo que sentía y necesitaba ella y empezar a dárselo. Ser hoy la adulta que atiende con amor lo que la niña necesita, que escucha lo que siente y que la invita a decir no. Y no pasa nada. Maternarte: ser hoy la madre que necesitaste de niña; generar contigo misma un vínculo seguro que te invita a relacionarte contigo desde un lugar de amor y apoyo.

Te invito a hacer una actividad para reconocer, agradecer, honrar y despedir a la niña buena que hay en ti, para dar lugar a la niña salvaje, metafóricamente hablando, que dará espacio a la mujer salvaje. La niña salvaje es la niña que no se calla, no duda, no tiene miedo, dice lo que siente y pide lo que necesita, está conectada con su cuerpo y su corazón, y es coherente y auténtica. ¿Te imaginas cómo serías hoy si esa niña salvaje hubiese sido alimentada por tu entorno? Serías una mujer auténtica desde el principio, sin necesidad de hacer tantas reflexiones conmigo. ☺

Pero la buena noticia es que siempre estamos a tiempo. Escribe en un cuaderno una carta de despedida llena de gratitud, amor y comprensión a la niña buena que hay en ti.

«Querida Laura: Gracias por haber estado tanto tiempo conmigo. Ahora comprendo por qué tantas veces te has callado, te has hecho pequeña, o te has escondido en la opinión de los demás. No estabas preparada para mostrarte al mundo, y querías protegerme. Recuerdo la experiencia X en la que...». Cuando termines, recuerda darle las gracias. A continuación, escribe una carta para la niña salvaje. Quiero que imagines la niña a la que quieres darle la bienvenida, que ya está en ti. Una niña libre, pura, fuerte, conectada a la vida, a su sentir, a su intuición, a la naturaleza, con gran instinto y capacidad de decisión. Una niña disfrutona, que valora la alegría, el disfrute y la creatividad. Dale la bienvenida y cuéntale para qué la necesitas en este momento y cómo quieres que te ilumine tu vida.

Pasamos de la niña buena que te limita y te empequeñece como mujer, a la niña salvaje que te empodera y te libera como mujer.

Recuerda que tu ser auténtico es libre, salvaje, puro y conectado a tu corazón.

Si te equivocas,

es tu error

Y es perfecto.
Sigue caminando.

44. NO HAY MAYOR AUTORIDAD EN TI QUE TÚ MISMA

—Lo que tienes que hacer es decirle que sí, porque va a ser lo mejor para ti, y así no haces daño a nadie.

—Te agradezco tu opinión, me ayuda a pensar las opciones. Lo reflexionaré y al final haré lo que sienta que es mejor para mí en este momento, en mis circunstancias, siendo quien soy.

No hay mayor autoridad en ti que tú misma.

Léelo otra vez.

Quizá has pasado toda tu vida sin saberlo, ignorando el poder que hay en ti, validando más a otras personas, otras perspectivas y opiniones (incluso sobre tu propia vida) y esa tendencia a minimizarte frente a los demás sin apenas darte cuenta, simplemente porque eres tú.

Todo suma; las aportaciones de los demás, las opiniones o ideas, especialmente cuando necesitas ampliar tu punto de vista para tomar una decisión. Pero no te olvides de que es tu vida, son tus principios, tus necesidades y tus sueños, y, aunque por supuesto alguien puede empatizar hasta ponerse en tu lugar, nunca es tu lugar, por tanto, nadie puede saber más de ti y de lo que necesitas mejor que tú misma.

Muchas veces esa necesidad de pedir opinión a otros es porque tienes miedo de equivocarte. ¿Y si me equivoco?, ¿y si hago esto que siento y no era ahí? Y quiero decirte que si te equivocas, es parte de tu camino, y también tienes que darte ese espacio.

No permitirte el error en tu vida sale caro; te invita a quedarte donde estás, a no probar nada nuevo, a no abrirte a desear algo «por si no es posible», a no dar pasos más allá de lo que conoces para no equivocarte. No arriesgarte, no intentarlo, por tanto, no conseguirlo. Y hay un momento en tu vida en el que descubres que permitirte el error es parte de tu camino de autoamor, y que en tu vida y en tus decisiones solo hay una responsable: tú. Por tanto, si te equivocas, si aciertas, si era ahí o no era, te corresponde a ti sentirlo, asumirlo, cambiarlo, integrarlo, y hacerle frente. Y la consecuencia siempre es aprender y crecer de lo que vives, de tu experiencia, de tu propia vida. Visto así, no existe el error, porque todo en tu vida tiene el poder de transformarte si te abres a vivirlo y aprender de ello. Cuando ganas autoridad sobre ti misma, eres la responsable de lo que pasa en tu vida. Si lo consigues, ha sido por ti. Si no lo consigues, ha sido por ti. Y en ambos casos tienes el cien por cien de aprendizaje disponible para transformarte, crecer y aprender de ti y de lo que ha pasado. Para mí ese es uno de los regalos más bellos de la vida, sentir que mi vida depende de mí. Y que por supuesto que todo es importante (mi familia, el trabajo, la sociedad), y todo tiene su espacio: abrirte a escuchar lo que tienen que decirte, escuchar sus opiniones, incluir otras miradas u otras perspectivas sobre algo que estés viviendo, todo tiene su espacio, pero en última instancia, tú tienes la máxima autoridad sobre ti misma. Es como decir: «Ok, atiendo a todo lo que me digáis, que enriquece mi mirada y mis opciones, sabiendo que al final voy a decidir por mí misma lo que más me convenga».

Honra tu soberanía.

Tú tienes el poder sobre tu vida.

Es hora de reconocerte ese poder.

Es hora de darte tu lugar.

De sentirte. De escucharte. De darte voz.

De reconocer ese lugar preferente en tu propia vida.

De escuchar a otros —por supuesto— priorizando tu propia voz.

De validar la opinión de quien te quiere, pero, sobre todo, la tuya.

Es hora de reconocer tu autoridad en tu propia vida, de hacerte espacio, de escuchar tu voz, y de validar lo que sientes, lo que necesitas y lo que quieres.

¿Cuándo? Ahora es el momento perfecto.

Regálate ese permiso, esa oportunidad, esa escucha, ese lugar.

Eres dueño de tu propio poder
y tienes el derecho de utilizarlo
para crear la vida que deseas.

Louise Hay

45. 3, 2, 1, FUERA MÁSCARAS

Él: «Ahora ya no sé quién eres. No te conozco».
Ella: «Justo ahora es la primera vez que sé quién soy. Antes no sabía quién era, perdida en todos, siendo en nadie. Ahora empiezo a reconocerme, a sentir qué quiero, y adónde voy».
... y el amor se quedó por el camino.

Laura Chica

Prepárate para sentir cómo se caen los personajes que has inventado para sobrevivir en este teatro de la vida. Prepárate, en tu proceso de conectar cada día con tu versión más auténtica, para «darte cuenta», así, entre comillas, de todo lo que has hecho en tu vida para que te quieran, porque no has sabido quererte tú; o para ser aceptada y pertenecer a un grupo de amigos, a tu sistema familiar, para satisfacer la necesidad de pertenencia y saciar la necesidad de seguridad. O darte cuenta de cuántas veces te has callado, te has anulado, o has dejado de ser tú, para que otros se sintieran bien contigo y no te abandonaran. Siempre, todo, por amor y por su búsqueda.

Y de otro lado, darte cuenta también de las veces en las que has criticado sin piedad a otros lo que en realidad no te permitías a ti misma (pero lo deseabas en tu parte más inconsciente, como recogen las proyecciones) o las cualidades o defectos que has destacado en los demás, precisamente porque también los tenías tú y no podías verlos en ti.

Las máscaras. Los personajes que nos hemos inventado para poder adaptarnos, los trajes que nos hemos puesto para poder ser parte, la sonrisa que hemos aprendido a vestir para no mostrar nuestro dolor. Máscaras del ego, máscaras del miedo, máscaras del dolor. Nos han servido mucho, porque gracias a ellas hemos podido sobrevivir socialmente (y por supuesto en nuestra familia), pero de tanto llevarlas un día creímos que era nuestra propia piel. Y se difuminó lo que éramos con lo que inventamos hasta un punto en el que no sabíamos dónde terminaba uno y empezaba otro.

Por eso, mi invitación para ti es comenzar a mirar quién eres, sin máscaras. Aprender a ver las máscaras que utilizas en tu vida, seguramente sin darte cuenta. Te dejo unas preguntas para comenzar a relacionarte con tus máscaras:

- ¿Cómo ocultas el dolor?
- ¿Cuál es la emoción que usas para sustituir el dolor o la tristeza?
- ¿Cómo muestras tu enfado o cuando algo te duele?
- ¿Qué rol desempeñas más tiempo en tu día?
- ¿Qué cualidades en ti son las más admiradas por los demás? ¿Sientes que tienen que ver realmente con cómo eres?
- ¿Qué intentas que nadie vea o sepa de ti?
- ¿Cómo te comportas cuando estás sola?
- ¿Tienes roles específicos en tus relaciones personales o profesionales? «La responsable», «la divertida», «la resolutiva».
- ¿Qué te hace sentir más vulnerable mostrar de ti misma?
- ¿Cómo te describirían las personas que creen que te conocen bien? ¿Te identifican esas palabras?
- ¿Qué haces para evitar conflictos o críticas?
- ¿Qué aspectos de ti crees que no son socialmente aceptables?
- ¿En qué situaciones sientes que activas más tus máscaras de cómo debes ser?

- ¿Qué creencias tienes sobre cómo deberías ser y cómo afectan a tu vida?
- ¿Cómo manejas las críticas o el rechazo y cómo impactan en tu autenticidad?

Quizá estas preguntas te ayudan a reflexionar sobre las máscaras que podrían estar presentes en tus relaciones en diferentes áreas de tu vida. Descubrir tus máscaras te ayudará a conectarte con tu verdad, a poder deshacerte de las que ya no te sirvan o no quieras, y sin duda es un paso importante hacia tu autenticidad y el crecimiento personal.

Nos relacionamos con las máscaras de los demás, y luego nos preguntamos por qué nos sentimos tan solos...

En relación a esta frase, que te compartía en mi libro *¿Quién eres tú?*, puedes reflexionar también sobre la autenticidad en tus vínculos y de cómo tus máscaras y las máscaras de los demás se relacionan y crean vínculos basados en el parecer, en la imagen, en la proyección, en lo que esperamos del otro, y al final descubrimos que muy pocas relaciones están basadas en la verdad de quién eres, y de quiénes son. Sin duda un camino que puede durar toda una vida, y que con cada máscara que soltamos nos vamos ganando a nosotros mismos.

Me encanta la frase de la película *Avatar*: «I see you/Te veo», que dice Neytiri. Una forma de decir: «Estoy viendo a través de tus máscaras en lo profundo de ti. Estoy viendo tu alma».

Como decía Arthur Schopenhauer: «Los últimos años de la vida se asemejan al final de un baile de máscaras en que se dejan caer las caretas».

Mientras tanto, sigamos bailando.

Para recordar quién eres
necesitas olvidar
lo que otros te dijeron que eres.

46. APRENDE A DECIR «NO»

—Norah, ¿no estás viendo lo importante
que es que hagas esto? Esto se hace así.
—Mamá, pero es que yo no soy tú.
Tú eres tú y yo soy yo, y cada persona tiene su forma.

Norah con ocho años

Y así la vida me fue poniendo en mi sitio, gracias a una maestra (como son los hijos), y a esta generación que no viene dispuesta a doblegarse como hemos hecho nosotras, sino a ocupar su lugar, crear su camino, hacerlo a su forma. Sí, son más difíciles en su infancia y adolescencia, pero estoy segura de que serán adultos más seguros de sí mismos y con más fuerza, determinación y autoamor de lo que hemos sido nosotros gran parte de nuestra vida. Siento que merece la pena.

No te voy a hablar de la educación que damos y de la adolescencia porque en este momento estoy inmersa en ese mundo retador de ser mami de una niña que justo ha cumplido quince años, y no me atrevo ni a opinar, de lo difícil que se me está haciendo. Pero sí me ha llegado ese ejemplo comparativo de cómo mi hija se puso en su lugar desde muy pequeña, y cómo todavía a mí me cuesta ponerme en el mío. Sin duda, algo está cambiando, y me encanta.

Saber decir «no» para decirte «sí» a ti misma.

Es más profundo de lo que parece, especialmente cuando sabemos que para desarrollarte plenamente necesitas rechazar a tus padres, con lo que eso conlleva. Lo primero que te viene al leer esto es: ¿cómo voy a rechazar a mis padres si me han dado la vida? Y es que es un rechazo simbólico, que no siempre implica separación física o dejar de amar, por supuesto. Pero sí necesitas, en algún momento de tu vida, romper ese vínculo energético con ellos en el que, independientemente de tu edad, sigues necesitando la validación, aprobación y supervisión de tu vida por parte de ellos. Eso hace que de forma inconsciente sigas actuando para ellos, tomando decisiones que sabes que les parecen bien y alejándote de todo lo que intuyes que pueden rechazar o hacerles daño. El problema está en que en un 90 % de las ocasiones, justo en eso que rechazas porque sientes que les puede hacer daño o porque les puedes decepcionar, está tu felicidad. Y sí, pospones esa decisión, ese paso, esa opción, para no hacerles daño, con el precio de hacerte daño a ti misma, impidiéndote vivir tu propia vida.

Sé que es un tema muy delicado y doloroso, que nadie nos cuenta y que casi siempre descubrimos tarde, muy tarde. Por ello quiero proponerte unos pasos para afrontar este momento y hacerlo juntas.

1. Toma conciencia de qué está pasando, de qué lugar estás tomando tú y qué lugar les estás dando a tus padres (y familia) en este momento.
2. Si te sientes libre, plena, con absoluta libertad de decidir y hacer y ellos te respetan y aman tal y como eres, es que ya diste este paso hace tiempo, quizá sin darte cuenta. Enhorabuena, has conseguido decirte sí a ti, aunque eso implicara decir no a tu familia.
3. Si aún sientes que tienes que dar explicaciones al tomar decisiones, o vives con miedo a dar pasos diferentes para no decepcionarlos, quizá tienes que tomar tu lugar y prepararte para decirles «no» a ellos y decirte «sí» a ti misma.
4. Agradece todo lo que tu familia te ha dado, te ha aportado, te ha sostenido, y eso nunca lo puedes olvidar; es parte de ti.

5. Clarifica qué quieres; qué quieres cambiar, cómo quieres ser, qué quieres mostrar de ti que tenías guardado, qué quiere tu alma, qué has venido a hacer aquí… Ten claridad sobre todas estas preguntas y pregúntate por qué es importante para ti en este momento dar un paso adelante.
6. Prepárate para que tu familia no lo entienda. Las personas que nos aman tienden a querer protegernos y eso implica querer alejarnos de lo que sea nuevo, diferente o desconocido para ellos. Recuerda que lo hacen desde el amor.
7. Tener claridad sobre qué está pasando en tu relación con ellos (punto 1) y sobre qué quieres para ti (punto 5) te va a dar la fuerza para afrontar esa RSV «ruptura simbólica del vínculo» con el conflicto que puede generar que tu familia se sienta rechazada o decepcionada por ti. Debes saber que esto es parte del proceso y que después del caos viene el orden. Es importante que lo hagas con amor a ellos, comprensión de cómo pueden sentirse y con mucho amor y respeto a ti misma y a tu propia vida.
8. Elige. Decide. Cambia. Siente. Hazlo. Cuando vayas creando tu propia vida, con tiempo, determinación y dirección, tú te sentirás mejor contigo, más fiel a ti misma y más feliz, y tu familia también. Es cuestión de respetar el proceso, confiar en la vida y en ti.

Todo es amor. Cuando te educan en cómo debe ser tu vida, es desde el amor. Cuando se decepcionan por no tener una vida normativa o como ellos querían para ti, es desde el amor. Cuando se alegran por verte feliz después de los cambios, es desde el amor. Ellos necesitan su tiempo para integrar todo, y tú necesitas coger fuerzas para ser tú, afrontando cualquier obstáculo y miedos que te lo impidan.

Quizá ahora es el momento de ser auténtica.

Me paro a sentir.
Valido quien soy.
Me autorizo a ser.

Brillo

47. BRILLA

En todos mis libros escritos desde 2015 incluyo un texto para invitarte a brillar. Este no podía ser menos, y más aún con el subtítulo que lleva: «Cómo empezar a ser verdaderamente tú y darte el permiso de brillar».

Hay tanto malentendido con este concepto de brillar, como con el concepto de *coaching*, el de amor, el de autoamor, y tantos otros que cada uno usa como cree, pero que no responde a la esencia. Alguna vez he leído algún comentario en redes de algunas personas «negacionistas» del desarrollo personal (que no sé cómo se puede vivir negando esta parte que es el cien por cien de la vida: el desarrollo), que dice algo así como «A mí déjame de tanto brillar y brillar, yo me conformo con ser», sin darse cuenta de que precisamente brillar es ser. Entonces sonrío y sigo en mi insistencia (espero que constante pero sutil) de invitarnos cada día a descubrirnos un poquito más, para estar cada vez más cerca de nosotras mismas y de nuestra esencia, y de forma inherente y consecuente, brillar.

Brillar siendo auténtica no tiene nada que ver con querer brillar a toda costa, con tener protagonismo o querer ser vista o ser más que las demás. Tampoco tiene que ver con intentar parecer una persona que no eres, con tener miles de seguidores en Instagram o hablar para cientos de personas en un evento. Brillar no tiene nada que ver con eso, si para llegar a eso has tenido que dejar de ser tú, inventarte una persona que no eres o esconder partes de ti que no quieres que vean.

Brilla más quien busca brillar menos, pero es fiel a sí misma, que quien busca brillar a toda costa, pero ha dejado su verdad en el camino.

Si pudiera resumir en cinco los pasos para guiarte en este proceso, serían estos:

1. Descubre todo lo que puedas de ti, desde lo más profundo, abrazando y amando cada parte de ti, tus sombras, tus luces, tu historia, y todo lo que eres. Autoamor con eje de tu vida.
2. Escucha todo lo que de verdad quieres, lo que siempre has querido hacer y ser, tus sueños y tus anhelos más profundos. Ha llegado el momento de hacerte caso.
3. Saca a la luz tus miedos, esos miedos que te acompañan en silencio, pero limitando tu camino, tus decisiones y tus sueños. Hazles espacio, comprende de qué quieren cuidarte y ponlos a tu lado. Ha llegado el momento de hacerte más grande que ellos.
4. Cambia tu dialogo. Cada vez que te escuches hablar haciéndote pequeña o quitándote importancia o méritos, recuerda cambiarlo por frases de gratitud y merecimiento. Siente cómo todo lo que hay en ti tiene un valor en este mundo y una función para ti y para los demás.
5. Brilla siendo tú. Confía en todo lo que eres y en todo lo que puedes aportar al mundo. Comparte tu talento, tu esencia, tus cualidades y tu mirada con los demás. Permítete dar un paso al frente y vivir tu vida siendo verdaderamente tú.

Brillar desde la autenticidad es brillar desde tu ser, desde tu esencia, permitiendo que quien de verdad eres salga por tus poros, por el brillo de tus ojos, por cada una de tus creaciones, por cada una de tus palabras, por cada uno de tus actos. No tiene que ver con intentar ser quien no eres, sino con permitirte ser quien eres.

Brillar es un acto de amor a ti misma y a tu esencia, y de amor al mundo por compartirte con los demás.

Cada vez que te dices
«sí» a ti misma
estás brillando.

Cada vez que gestionas un miedo y te haces más grande, estás brillando.

Cada vez que dices «sí» a un sueño y te pones en marcha, estás brillando.

Cada vez que eliges compartirte con los demás, estás brillando.

Tu alma trae un mensaje único que escondemos tras el velo del miedo, la inseguridad o el respeto al qué dirán. El resultado es el silencio: no la escuchamos, no la atendemos, no la dejamos expresar lo que quiere decir.

El mundo que hable;
tú enfócate en tu brillo.

A veces el que habla es tu miedo. Se trata de ser más grande que esa voz que te dice que no eres nadie, que no eres nada, y sentir que todos los que estamos aquí, y ahora, en este plano, tenemos algo que decir. Por muy pequeño que sea, por insignificante que te parezca, todo importa, porque todo suma. Y un poquito de cada uno más un poquito de cada uno es mucho. Se trata de darte el permiso de dar un paso más, creyendo en ti como lo hacen los ojos que mejor te miran, y que esa persona seas tú. De creer en todo lo que hay en ti, aunque te cueste verlo. En compartir con el mundo tu más bella esencia, esa que te hace única, diferente y especial. No eres más que nadie, y tampoco menos. Eres tú, y eso ya es un regalo.

Brilla desde tu ser auténtico, descubriendo todo lo que eres, compartiendo con el mundo todo lo que hay en ti, y mostrando en cada parte de tu vida tu ser. Ese es el verdadero brillar que necesitamos en el mundo, el único brillar en el que creo y el que te invito a experimentar a partir de hoy.

Brilla, querida, brilla.

A veces me pierdo y no me encuentro.
Quizá me perdí en las palabras que me dijeron
y se quedaron en mí
o en los miedos que aprendí
y ya se quedaron conmigo.
Me perdí en las sombras
de lo que pensé que debía ser.
Me perdí en las luces
de lo que pensé que tenía que ser.
Me perdí
y a veces no me encuentro.
Como el sol cuando olvida que es luz
detrás de la luna, cuando en realidad es estrella.
Así me escondo de mi propio brillo.
Con miedo.
Sin norte.
Con sueños.
Sin destino.
Hasta que un día, mis sueños puedan más que mis miedos,
mi luz brille más que mis sombras
y las palabras que me dijeron ya no tengan espacio en mí.
Y ese día,
ineludiblemente,
comenzaré de verdad
a vivir.

48. ROMPE CON LOS ESTÁNDARES QUE HAS COMPRADO

—Siempre me enseñaron que cambiar de idea es de no tener personalidad. Las personas seguras son fieles a sus decisiones, y yo soy así.

—Las personas seguras son las que no tienen miedo a cambiar de opinión, porque confían en lo que sienten. Tienes derecho a cambiar de opinión cada vez que así lo sientas. Recuerda que eres cíclica, y estás viva. Eso significa que estás en constante cambio, como la vida. Sé coherente con ese cambio para ser fiel a ti.

Hay veces en las que te cuesta ser auténtica y el obstáculo eres tú misma.

Tus decisiones anteriores o los valores y principios que han guiado tu vida de pronto se convierten en una jaula de oro en lugar de en una guía en base a la que diriges tu vida.

Tienes el derecho de cambiar de opinión. Tienes el derecho de cambiar. Todas las veces que quieras.

Julia es una mujer que defiende mucho el amor propio, la independencia de la mujer y el feminismo. Con el tiempo y sus aportaciones, tiene su marca personal asociada a la de una mujer independiente empoderada que no necesita una pareja para ser feliz. Así ha sido durante mucho tiempo, hasta que apareció Jon. La realidad es que ahora ella necesita vivir otras experiencias, sentir el amor de pareja, dejarse cuidar, compartir el camino de vida con él. Y la otra realidad es que ella misma no se lo permite, por la imagen que tiene de sí misma, por la imagen que ha creado y por los valores y principios que han guiado su vida hasta ahora. Tiene sentido, pero Julia necesita actualizar lo que ahora necesita, lo que ahora quiere, y lo que ahora guía su vida. La palabra clave es *ahora*.

He visto a muchas personas incapaces de cambiar de dirección en su vida, aunque ya no son felices, porque tomaron una decisión hace años y se deben a ella. Estamos hablando de personas que estudiaron una carrera, y quince años después no se permiten cambiar de profesión, aunque ahora amen otra cosa, porque en su día ya eligieron. Y lo mismo con las parejas. Resulta que a veces la única barrera entre lo que ahora quieres y tú eres tú misma. Tú y tu compromiso con algo del pasado. Tú y tu dificultad para aceptar que tienes el derecho de cambiar de opinión, de mirada, de prioridades y de vida.

Necesitas permitirte la vulnerabilidad para ser auténtica. Sentir que te rompes, que se rompe tu seguridad, tu camino recto, lo que ya conoces. Sentirte en medio de la nada para poder volver a elegir, volver a construir un camino, y volver a construirte a ti. Esta vez desde un lugar con más verdad, con menos máscaras y más lleno de ti. Volver a empezar, romper para crear.

Es importante que te des la oportunidad de ser tú cada día de tu vida a partir de hoy. Que puedas hacerte las siguientes preguntas:

- ¿Qué es importante para mí en este momento?
- ¿Qué valores y principios ya no resuenan tanto conmigo y cuáles son más importantes para mí ahora?
- ¿Qué necesito en este momento de mi vida que antes no necesitaba?
- ¿Qué tengo miedo de incorporar o priorizar en mi vida y sin embargo quiero?

A veces solo necesitas mirarte con amor, poner claridad y tomar una decisión para acercarte a la persona que eres hoy. Darte el permiso de ser tú. Permitirte el cambio. Aceptar que ayer lo más importante para ti era una cosa y quizá hoy es otra. Y mañana será una diferente. Cambiar contigo, abrir tu vida a tu proceso de cambio, sin miedo, comprendiendo que hoy puedes sentir diferente a lo que sentías ayer. Eso es ser auténtica: respetar lo que estás necesitando y queriendo en cada momento de tu vida.

Decirte sí, esto ahora es lo más importante para mí, mañana no lo sé. Y esa apertura constante al cambio te hará sentirte más libre en cada momento, porque no tendrás que atarte a una decisión.

Ser auténtica contigo es tener la honestidad en cada momento de sentir qué quieres, quién eres y abrirte a ti. Que ninguna decisión de tu pasado marque tu futuro, y que puedas elegir en presente. Que cada día al levantarte puedas elegir hacer lo que haces, amar a quien amas, y vivir la vida que tienes. Y el día que no lo sientas, está bien. Es parte de la naturaleza de la vida el cambio y los ciclos que comienzan y terminan.

Date el permiso de ser auténtica contigo misma.

No quiero ser la mujer
que te guste a ti,
quiero ser la mujer
que me guste a mí.

49. AMA TU CUERPO

Cuando tu cuerpo hace de todo para agradar a los demás, tu alma se queda sin abrigo.

Z. Magiezi

Tu alma se queda sin abrigo. Tremenda frase...

Eres magia. Tu cuerpo es magia.

Tu cuerpo abriga a tu alma, te permite vivir, sentir, amar, disfrutar. ¿Cómo no amarlo? Pero no amar tu cuerpo como merece y mereces te dificulta tu camino a la autenticidad. Si autenticidad es aceptar todo lo que eres y vivir desde ahí, vivir en juicio constante con tu propio cuerpo es ser, quizá, tu mayor *hater*, agredirte a ti misma, y eso, más que ayudarte a mejorar, reduce tu poder, tu bienestar, tu autoamor, tu felicidad. Es más común de lo que pensamos, y probablemente todas, en algún momento de nuestra vida, nos hemos hecho daño con nuestro pensamiento, mirada o actos.

Una explicación posible la encontramos mirando atrás. Vienes de unos ancestros que probablemente escondían o rechazaban su cuerpo, y de una familia que, sin ser consciente, tampoco ha sabido ayudarte a amarlo. ¿Cómo vas a amar lo que eres, cómo te ves, si además socialmente estás recibiendo mensajes continuamente de cómo es la perfección en un cuerpo y lo que está bien, y el tuyo no se parece a ese referente impuesto? Todo eso nos va alejando poco a poco del amor a nuestro cuerpo, y el regalo llega cuando un día eliges volver a amarlo.

Ama tu cuerpo auténtico. Es muy fácil decirlo, lo sé, pero muy complicado cuando todo parece imperfecto en un mundo que quiere ser perfecto. Mirarte al espejo puede resultar un castigo cuando no te gusta lo que ves. Pero ¿por qué no te gusta lo que ves? Quizá tendríamos que empezar por ahí. Para que no te guste eso que ves, es que estás comparando con otro «eso», con mensajes, imágenes, cánones y *musts* que te meten por todos los canales desde hace mucho tiempo. Quizá, desde que tienes uso de razón. Sí, ahora podemos descubrir que muy probablemente llevamos desde que tenemos uso de razón comparándonos con las demás. Y si has sido de la afortunadas que no se han comparado mucho, no te preocupes, ya te habrá tocado una madre que lo ha hecho por ti, o alguien en tu entorno que te ha recordado que no eres perfecta.

Brutalidades como que una niña de nueve años no quiera ponerse determinada ropa porque se ve gorda, o que no pueda mirarse al espejo porque no le gustan sus orejas. ¡Pero si tienes orejas! ¡Puedes escuchar! ¡Funcionan perfectamente! ¡Qué afortunada eres! Pero esto parece no ser suficiente; tienen que ser «así». Y si no lo son, no están bien. En definitiva, y sumando un ejemplo más otro, más otro en nuestro cuerpo, podríamos decir que «no estamos bien». Y que nunca nos sentimos bien. Y aquí llega el «si tuviera» para hacernos caer en la trampa de que «si tuviera» menos barriga me sentiría mejor, o si tuviera más pecho me gustaría más. Es una trampa: cuando lo consigas, te faltará otra cosa por cambiar, y así una vez tras otra. Y nos fijamos en las que hemos llamado referentes en belleza: bloggers, modelos, actrices, que desde fuera miramos y admiramos deseando en el fondo ser como ellas. Y lo más curioso es que cuando les preguntan cómo se ven, ¡no se gustan! Tienen más complejos que las que en el fondo queremos parecernos a ellas. Un momento... ¿Qué está ocurriendo aquí entonces?

Lo que está ocurriendo con la mirada y el juicio al cuerpo en este momento social es una locura. Nadie o casi nadie está contento con su cuerpo, sea quien sea, a no ser que se trabaje la mirada a sí mismo, y no estoy hablando de cómo mira su físico, sino de cómo se mira como ser, amando y aceptando lo que es, como un milagro de la vida. Qué suerte tengo que puedo respirar.

Qué suerte que puedo caminar e ir a donde necesito.

Qué suerte que puedo ver y oír el mundo que me rodea.

Eres una creación divina, la divinidad en la tierra, lo sagrado femenino en su máximo exponente. Amar tu cuerpo como el milagro que es, alejándote de las comparaciones físicas de si estás delgada o gorda, de si eres mejor o peor. Hacerte el regalo de mirarte bonito, mirarte con amor, mirarte como si te vieras por primera vez.

Cuando veo fotos mías de los diecisiete o dieciocho años, que posaba de modelo, me veo preciosa, con tres tallas menos que ahora, piel sin manchas, pelo al natural y precioso, sin arrugas, y recuerdo que en ese momento no me gustaba y me veía fatal. Y me miro con compasión y me digo que si pudiese hablar con mi niña de diecisiete años le diría: «Ámate mucho, acéptate como eres, eres preciosa, estás en el mejor momento de tu vida». Y desde esa reflexión también sé que si llego a los sesenta y miro al momento en el que estoy hoy me vería preciosa, quizá con tres tallas menos, con menos manchas en la piel y con pelo más natural y precioso, con menos arrugas y más bella. Por tanto, me ahorro tener que vivir esa belleza con carácter retrospectivo, y quiero mirarme así hoy, sabiendo que estoy en el mejor momento de mi vida, en mi mayor belleza, la edad perfecta, y el cuerpo maravilloso que me permite vivir mi vida con salud, precisamente porque es el que tengo en este momento, y es el momento más importante de mi vida: aquí y ahora. Y decirme a mí misma: «Ámate mucho, acéptate como eres, eres preciosa, estás en el mejor momento de tu vida».

Te comparto esta reflexión para que vivas tu relación con tu cuerpo de forma auténtica, solo tuya. Te invito a que dejes de responder a esos estándares sociales que tanto daño nos hacen. A que te enamores de ti, de tu cuerpo y de tu alma, y cualquier opinión externa tenga menos poder que lo que sientes tú. Que seas capaz de mirar el milagro que eres, ¡estás aquí! Tienes un cuerpo, te permite vivir, probar, explorar, disfrutar, sentir... Agradécelo cada día. Rompe con ese cuerpo normativo que nos intentan imponer día a día, e impón el tuyo. Disfruta el regalo que es ser tú, sin tener la necesidad de mirar cómo son los demás para amarte. Eres muy afortunada de vivir esta vida, y mereces amarte como eres, honrando cada parte de ti. Siente en lo más profundo de ti estas palabras:

★ Me amo y me acepto tal y como soy, con todas las imperfecciones que me hacen humana.
★ Mi cuerpo es mi templo sagrado, merece mi amor y respeto.
★ Gracias a mi cuerpo por todas las cosas maravillosas que me permite hacer.
★ Me libero de los estándares de belleza y abrazo mi belleza auténtica.
★ Mi cuerpo es parte de quien soy, lo amo y lo honro con todo mi ser.
★ Mi cuerpo es mi aliado en esta vida, lo cuido con amor y gratitud.
★ Todo es perfecto en mi cuerpo tal y como es.

Mírate con ojos del milagro que eres, agradeciendo a cada célula de tu cuerpo su función, a cada parte de tu cuerpo que te permita experimentar y vivir tu vida, y a ti misma haber podido reconciliarte contigo por encima de todas las voces que te alejaban de él. Ama tu cuerpo auténtico sobre todas las cosas y abriga tu alma.

Si me preguntas para qué
vine a este mundo,
te responderé:
para vivir en voz alta.

Émile Zola

50. VIVE EN VOZ ALTA

La gente tiene tanta razón... No estoy en paz.
Soy fuego, soy vida, soy color, soy esencia,
soy placer, soy rebelión, soy instinto, soy piel, soy revolución.
Puedo ser cualquier cosa menos tranquila.

Frida Kahlo

El escritor Émile Zola escribió allá por 1894:

«Si me preguntas para qué vine a este mundo, te responderé: para vivir en voz alta».

Tiempos difíciles en los que escribió estas palabras, y quizá ahora, aun viviendo tiempos más fáciles para hablar, expresarnos y ser en voz alta, no lo hacemos.

De hecho, somos más de vivir en voz baja, de puntillas y en silencio.

«Las mujeres hemos vivido históricamente con la siguiente norma: "Que no se nos note". Ni la barriga, ni el apetito, ni las estrías, ni la celulitis, ni el deseo sexual, ni las canas, ni las arrugas, ni nada. Es como si tuviéramos que disolvernos para no incomodar», leía el otro día. ¿Cuánto de esto hay en ti? Dependiendo de la educación que hayas recibido, así te habrás permitido hablar o callar. Vivir escondiéndote o vivir permitiendo tu voz, tu hacer, y tu ser. Es importante mirar atrás y ver de dónde venimos, cómo fue nuestra infancia, qué voz nos dieron nuestros padres, cuánto nos callaron, para poder comprender cómo somos. Comprender, sin juzgar, porque al conectar nuestro presente con nuestra historia, podemos comprender casi todo.

Lo cierto es que vivimos en gran parte intentando evitar el conflicto externo, y eso nos genera conflicto interno. Por no incomodar fuera, nos incomodamos por dentro, constantemente. Por no hacer sentir mal a los demás, probablemente te decepcionas a ti misma una y otra vez. Y esto es consecuencia de un aprendizaje que hemos normalizado y que nos hace daño cada día.

En medio de esto, te dicen: «¡Brilla!, ¡da un paso adelante!, ¡tú puedes!». Pero entre un punto y otro, hay un abismo. Un abismo que quizá no puedes saltar, pero sí puedes crear puentes.

Comprender de dónde vienes, qué te permitieron y por qué cosas te castigaron te ayuda a comprender cómo eres tú hoy, por qué te cuestan tanto algunas cosas, y, desde ahí, comenzar a mirarte como la mujer que hoy eres, hacerte espacio a ti misma, escuchar tu voz, preguntarte qué quieres, cómo te hace sentir cada cosa que pasa, qué te hace bien y qué no. Y después de ese encuentro tan necesario contigo, sí, es momento de brillar, de dar un paso adelante y de gritar tu verdad al mundo.

Todo tiene un proceso. Pretender saltar algo en lo que no encuentras un camino es pedirte demasiado, y no, no es necesario. Pero sí es necesario que crees tu propio camino, tu propia forma, y a tu propio ritmo, para que cada día sientas que estás un poco más cerca de ti misma. Y por fin un día, tras un proceso de mirar tu vida con otros ojos, comprender tu historia, soltar lo que ya no resuena contigo, reencontrarte con quién eres, sentir tu verdad, puedas, por fin, con amor y autoamor, vivir en voz alta.

Tal y como eres, sin esconder nada de ti.

Honrando tu esencia, tu historia y tu rareza. Como dijo Bert Hellinger en esta preciosa frase:

«Que nadie te haga dudar, cuida tu rareza como la flor más preciada de tu árbol. Eres el sueño realizado de todos tus ancestros».

Vivir en voz alta es una forma de honrar quién eres, tu camino y tu historia. Pero también es una forma de honrar el camino de todas las personas que vivieron antes de ti, que quizá no pudieron compartir su voz, por el contexto y normas que rodearon su existencia, y que gracias a su lucha, disconformidad o sometimiento, generación tras generación hemos conseguido llegar aquí, así. Por ellos, por ti:

Cuando tengas miedo, habla.

Cuando algo no te guste, habla.

Cuando algo te incomode, habla.

Cuando algo te duela, habla.

Cuando quieras hacer algo, hazlo.

Cuando quieras salir de un lugar, hazlo.

Cuando quieras cambiar de suelo, hazlo.

Que nada ni nadie apague tu voz, silencie tus sueños o te haga sentir pequeña.

Sencillamente, porque no lo eres. Nunca lo fuiste.

En cada paso que des, siente contigo el poder de todas las personas que no pudieron hacerlo, y que se sienten orgullosas de ti.

Esto te hará imparable, invencible e infinita.

Como siempre has sido tú.

Vive en voz alta y brilla.
El mundo, tus ancestros, los que te aman
y tu corazón te están esperando.

Cosas que puedes **desaprender**		Cosas que puedes **aprender**
A no escucharte	→	A escucharte
A hacerte pequeñita	→	A buscar tu lugar
A sentir que no eres suficiente	→	A sentir que eres suficiente
A callar para no incomodar	→	A aportar tu opinión
A buscar validación en los demás	→	A buscar validación en ti
A esperar que te marquen tiempos correctos	→	A sentir tus tiempos
A ponerte limites	→	A poner límites en tus relaciones
A entregarte a los demás olvidándote de ti	→	A regalarte tiempo y espacio
A no respetar lo que necesitas	→	A respetar lo que necesitas
A invalidar lo que sientes	→	A validar lo que sientes
A esconderte del mundo	→	A mostrarte al mundo

Cosas que puedes *desaprender*		Cosas que puedes *aprender*
A no creer en tus sueños	→	A creer de verdad en tus sueños
A sentir que vales por lo que haces	→	A sentir que vales por quien eres
A compararte con los demás	→	A inspirarte con la historia de otras mujeres
A callar lo que necesitas por miedo	→	A pedir lo que necesitas con amor
A ser lo que los demás esperan de ti	→	A conectarte con tu autenticidad y ser tú
A hacer lo que el mundo espera de ti	→	A liberarte de las expectativas de los demás sobre ti
A ponerte por debajo de los demás disculpándote en exceso	→	A ponerte en igualdad con los demás y relacionarte desde ahí
A intentar ser como los demás	→	A ser auténtica

51. ELIGE SER UNA PRESENCIA AMOROSA EN EL MUNDO

La ciudad en la que vives, el sufrimiento que ha habido en tu vida, la educación que has recibido, la clase social en la que naciste, los padres que te concibieron y la gente que te ha llegado al corazón: esto, todo esto, crea las condiciones ideales para que ilumines con tu luz el mundo que te rodea como solo tú puedes hacerlo.

Rebecca Campbell

A veces cuesta ser un alma bonita en un mundo difícil.

A veces cuesta ser sensible, dulce, amorosa, ayudadora, consciente y confiada, en un mundo en el que parece que el que más daño hace gana. Se hace difícil mantener la ingenuidad, la confianza y el amor puro cuando se requiere de ti vivir a la defensiva porque casi todo es un ataque.

«Tienes que tener más maldad», nos dicen.

Como si eso fuera un logro.

El verdadero logro es mantener tu bondad en medio de la maldad.

Ser capaz de amar como si nunca te hubiesen herido, a pesar de los años y los daños.

Seguir confiando en las personas, después de las decepciones, las traiciones y las relaciones.

El verdadero logro es seguir siendo fiel a ti en medio de tanto ruido, recordando quién eres, cómo eres, y conectada a tu esencia al margen de lo que esperan los demás de ti.

Elige ser una presencia amorosa en el mundo.

Elige ayudar, acompañar, impulsar a los demás para que vean lo que aún no han visto, para que consigan lo que aún no han conseguido. Elige amar profundamente y sin miedo, permitiendo que el amor sentido te transforme hasta lo más profundo de tu ser. Elige entregarte, compartirte, bailar juntos la melodía que el amor tiene para ti.

Elige confiar en las personas, en su bondad, en sus intenciones, en su capacidad, potenciando con tu mirada lo que ellas no saben que son; mirándolas bonito las invitas a mirarse así a ellas mismas, también. Elige construir en lugar de destruir, apoyar en lugar de desanimar, multiplicar en lugar de restar o dividir.

Ser fiel a tu esencia es más importante que actuar como otros lo hacen. Sé que a veces se hace difícil, y acabas diciendo que, si esa persona se ha portado mal, tú puedes portarte peor; es tu tristeza hablando cuando estás decepcionada. Pero pasada la tormenta, tu alma habla más fuerte. Si en tu esencia está ser la persona que ha venido a crear un mundo más bonito, tu esencia prevalece sobre el miedo, la tristeza o el dolor.

Prevalece el amor. Siempre el amor.

Permitirte lo que has venido a hacer, y a ser, es ser fiel a tu autenticidad.

No importa lo que pase fuera, si dentro de ti tú sabes quién eres.

Elige ser siempre una presencia amorosa en este mundo, siendo tú.

Que la voz de tu amor siempre hable más fuerte que el ruido de fuera.

Que tu luz siempre sea más poderosa que la oscuridad.

Has venido a este mundo a hacerlo más bonito siendo tú, y ese es tu regalo, y el nuestro. Sé auténtica siendo una presencia amorosa en este mundo y compartiendo tu luz.

Cada día, elige iluminar la vida de alguna persona agradeciendo algo que hace, recordándole algo que hace bien o resaltando alguna cualidad en ella. Así, 1+1+1, hacemos más bonito el mundo.

52. HIJOS AUTÉNTICOS

Ella: «Mamá, no puedo más. Necesito que me aceptéis como soy. No soy lo que vosotros queréis, soy así, ¡soy así! Siento que he estado viviendo bajo las expectativas de los demás demasiado tiempo y no quiero más».

Madre: «Cariño, siempre hemos querido lo mejor para ti. Que estés bien y tomes las mejores decisiones. No sé qué hemos hecho mal...».

Ella: «Lo sé, mamá, pero también necesito tu apoyo y comprensión mientras me equivoco, y descubro qué quiero y quién soy».

Madre: «Ella, siempre te he amado incondicionalmente. Estoy aquí, te apoyaré en cada paso del camino si es lo que necesitas».

Ella: «Gracias, mamá. Significa mucho para mí saber que puedo contar contigo mientras encuentro mi propio camino. Quiero ser fiel a mí misma y saber qué quiero yo, no lo que necesitáis vosotros. ¡Quiero descubrir quién soy!».

Madre: «Siempre estaré aquí para ti, cariño. Es tu camino, yo estaré aquí acompañándote. Estoy emocionada de ver la persona increíble en que te estás convirtiendo».

No quiero que leas estas palabras con sensación de que quiero darte ejemplo de nada, de hecho, estos años de adolescencia de mi hija me están costando una transformación personal que parece un tsunami. No, no soy ejemplo de nada; estoy aprendiendo como tú. Quizá tengo una capacidad de observación y síntesis muy entrenada y puedo ver más allá de lo que se ve, eso me ha pasado de siempre, y desde esa mirada «resumen» de la vida, quiero contarte algunas cosas que en nuestro día a día pasan desapercibidas porque, como sabes, vivimos ciegas a lo que no conocemos. Y eso no significa que no hace daño, al revés: hace daño, y mucho. Quiero hablarte de cómo nosotras, si eres madre (o padre), intentamos educar, sin darnos cuenta, hijos totalmente opuestos a la palabra *auténticos*.

Comenzamos hablando de lo que entendemos por la educación, de la palabra «educar». Si buscas «educar» en el diccionario de la RAE (Real Academia Española), el primer significado disponible es: «Dirigir, encaminar, doctrinar». Hace muchos años que tomé conciencia de mi papel como madre, que, aunque no sé si lo estoy haciendo bien, sí pongo todo de mí para hacerlo lo mejor que sé. Cuando escribí en 2013 mi libro *¿Quién eres tú?*, animaba a los padres y madres a incorporar un nuevo rol en su vida, el de *coach* de sus hijos. Entendiéndolo como aprender a acompañar el desarrollo de los hijos sin ese adoctrinamiento que parece que requiere la educación. Adoctrinar es, a su vez, inculcar a alguien determinadas ideas o creencias. También suena implícitamente a despojar al ser de todo lo que trae para enseñarle cómo debe ser.

Como ves, sin cuestionar, desde que nacen ya los estamos «educando», por tanto adoctrinando, sin apenas respeto a lo que traen, a lo que son, a lo que quieren hacer y ser. Es muy importante tomar conciencia de esto, aunque no generemos ningún cambio inmediato, solo observar alrededor cómo a nivel social venimos predispuestos a ser nosotros mismos, pero nadie nos deja. Ni siquiera los que más te quieren. Desde el inicio, estamos socialmente condenados a ser parte de algo, por encima de nosotros mismos. Responder a lo que se espera de ti con dos años, con tres años, con nueve, con quince, con treinta y cinco, con cuarenta y tres, y así sucesivamente. Es necesario, en algún momento de ese camino, decir basta. Sentir nuestro camino. Soltar lo que ya no somos. Elegir. Viviendo en sociedad, sí, pero cambiando ese adoctrinamiento por elección consciente. Y cuando abres los ojos y te das cuenta, tu forma de educar a tus hijos es desde otro lugar, donde puedes equilibrar lo que se supone que «debe hacer y ser», con lo que ya es, de forma natural, respetando su esencia y su camino.

A nivel de ego de madres y padres, es muy complicado «quitarse del medio». Yo creo que esto nadie lo cuenta, por eso siento que te lo quiero contar yo. Seguro lo has vivido o lo vivirás, pero le vamos a poner palabras para la comprensión e integración.

Tú tienes un hijo. Viene a través de ti, de tu cuerpo, y le das la vida. Otras veces no viene a través de tu cuerpo, pero al adoptarlo de alguna forma también le das la vida. Te necesita. Lo cuidas, te entregas a él, tu vida gira alrededor de él. Crece. Te va necesitando menos. Te cuesta encontrar tu sitio en su vida, porque a medida que va creciendo crece también en independencia y voluntad, y deja de necesitarte como antes. Sigue creciendo, y llega un día en el que no solo no te necesita, sino que parece que le molestas.

Para nuestra mente como padres y madres, cuesta mucho dolor aceptar que, de pronto, alguien que es el centro de tu vida, que te necesitaba y tú cuidabas te deja de necesitar y le molestas. Hay un duelo real en este proceso, una pérdida, que se puede vivir casi como una muerte, según sea la intensidad con la que se vive la separación. No es raro escuchar «Siento que he perdido a mi hijo». Yo misma lo he dicho.

Y aquí es el momento en el que tenemos que quitarnos del medio.

No, no significa abandonar. Ni vivir en otra casa, aunque créeme que hay veces que se desea por lo complicado que puede ser emocionalmente. Quitarnos del medio, como padres y madres, significa aprender a acompañar sin invadir, a guiar sin adoctrinar, a cuidar a distancia sin sobreproteger.

Implica dejar de imponer lo que deben ser, para hacer espacio a lo que ya son. Como en el liderazgo, el reto está en buscar el equilibrio entre dejarle ser y guiarlo en el camino. La palabra que más te puede ayudar en este momento, y a ellos también, es la «aceptación». Aceptación de que tu hijo ES, en esencia, tal y como es, y no como a ti te gustaría que fuera. Que es una persona con ideas propias, aunque aún en construcción, con sus valores, principios e intereses, y que a veces dista mucho de lo que habías imaginado, y otras veces se parece mucho.

Aceptar lo que es nos ayuda a todos: a nosotros a sufrir menos, y a ellos a permitirse ser.

Y desde esa aceptación, acompañar para ayudarlos a ver las opciones, riesgos y oportunidades, comprendiendo que son personas con camino propio, como tú. A nivel espiritual, se puede decir que tú has sido bendecida con el regalo de traerlo al mundo, pero no es tuyo: es una persona que ha venido a seguir su aprendizaje en la vida para su evolución. Por tanto, es probable que necesite vivir muchas de las experiencias que tú, desde tu amor, quieres evitarle, para que en ese aprendizaje siga evolucionando.

Ley de vida.

Te confieso que si no pensara así, mi hija viviría en una torre de cristal, porque desde el amor de madre quiero ahorrarle todo el sufrimiento del mundo; después recuerdo que tiene que vivir su camino para evolucionar, especialmente las caídas, y me echo a un lado, pero estando cerquita. Es una decisión muy difícil, lo sé, pero solo así tendremos la certeza de que estamos aportando lo mejor de nosotros para permitirles ser, poco a poco, paso a paso, caída a caída, personas cada vez más auténticas, que sean cada día un poco más ellos mismos, y que se encuentren —quizá antes— de lo que nos hemos encontrado nosotros.

No pretendo con estas reflexiones decirte cómo lo tienes que hacer, simplemente invitarte a reflexionar. Si esa hija adolescente que tienes que se ve tan buena, que no se escucha en casa porque no protesta, que no te da dolores de cabeza, está de verdad siendo ella misma, o si está siendo la hija que tú necesitas para que tú estés bien.

O reflexionar si esa otra hija que te lleva al extremo cada día, retándote y confrontando contigo, está siendo más ella misma que tú.

Y, en medio, tomar conciencia de que, quizá, los hijos que llamamos «más fáciles» son fáciles para nosotros, pero quizá lo tengan más difícil en la vida, porque están más lejos de ellos mismos y de quienes son, ocupados en querer ser lo que nosotros necesitamos.

Y los hijos más difíciles son los que de verdad están ocupados en descubrir quiénes son, aunque su vida esté llena de tormentas por no querer dejarse invadir ni cambiar de camino. Y que «educar» hijos auténticos es un reto enorme, pero a medio plazo serán adultos conscientes de sí mismos, conectados con su esencia y fieles a sí mismos. Y seguramente todo lo anterior merezca la pena.

Acompañemos a nuestros hijos a ser verdaderos, siendo verdaderas nosotras primero.

Acompañemos a nuestros hijos a ser auténticos, siendo auténticas nosotras primero.

Verte ser tú me hace querer
ser más yo.

Rebecca Campbell

53. EMPODÉRATE

El mundo será salvado por la mujer occidental.

Dalai Lama

Mi alma es una de esas almas que eligieron abrir camino. Que sentía iniciar cosas que no existían y atender a cosas que nadie conocido había hecho. Un alma inquieta, curiosa e insatisfecha, necesitada de más verdad y autenticidad. Ha sido difícil vivir conmigo, no te voy a engañar. Sentir que vives a contracorriente, que lo que al mundo le basta para ti es insuficiente, que la verdad que cuentan no te sirve, que siempre se puede más. A mis cuarenta y cinco años aún me estoy conociendo, aún estoy aprendiendo a aceptarme. Sentir que no me parezco a nadie que conozco, que lo que al mundo le emociona a mí no me despierta y lo que el mundo da por hecho es lo que más me emociona a mí. Un atardecer. La naturaleza. El cielo. La vida. La muerte. Mi alta sensibilidad que multiplica mi percepción de diferencia por cien, el dolor por mil y el amor por infinito. Conocerte es complicado, y conocerte sabiéndote diferente al resto lo hace más complicado todavía.

En medio de esas diferencias está tu poder.

En medio de mis diferencias está mi poder.

Descubrí que mi poder no estaba en mi licenciatura en Psicología, o en las teorías que conozco sobre el comportamiento humano, sino en mi sensibilidad extrema, en la forma en la que siento lo que siento, y cómo eso me facilita comprender lo que sienten los demás con alto detalle, y poder ayudar desde ahí. Descubrí que conectada a mi esencia brillaba más y tenía menos miedos, y podía cambiar el miedo y la competitividad por colaborar e impulsar, y desde hace años además de formar, impulso y mentorizo a mi manera a personas que quieren dar un paso adelante en su profesión o escribir un libro. Descubrí que cuando me conecto con la belleza me enamoro de la vida, y todo lo que hago lo visto con una belleza extrema, como este libro y mis libros anteriores, para que la belleza nos salve de la vida cuando nos perdamos. Sin darme cuenta he creado mi propia huella literaria con la belleza de las ediciones, que hace nuestro mundo más bonito al tenerlos en las manos; nuestro mundo interior, y exterior. Y descubrí que precisamente ese mundo interior que cuido cada día en mí y que comparto contigo en mis libros también nos ayuda a construir un mundo más bonito desde cómo elegimos vivir, mirar y sentir. Libros refugio. Todo un regalo.

Estos ejemplos que te he compartido son ejemplos de mi vida en los que me he empoderado, siendo consciente de qué hay en mí que pueda sumar, que sea diferente, y abrazando esa diferencia con amor poniéndola al servicio del mundo, y de los demás.

Y lo más bonito es que justo ahí, cuando me he permitido SER y poner en valor lo que soy, es cuando más siento que brillo, cuando más siento que aporto, cuando más siento que lo que hay en mí, quien soy, ayuda al mundo.

Empoderarte es llenarte de poder, recuperar el poder que has cedido al mundo por miedo y desconocimiento de ti misma, y volver a llenarte de ti. Empoderarte es asumir todo el poder que hay en ti cuando te permites ser quien eres, y poner en valor todo lo que eres.

Creer en tu propia mirada.

Sentir lo que sientes.

Amar a quien eres.

Reconocer tu divinidad.

Disfrutar de tu forma de hacer las cosas.

Mirar la vida a tu manera.
Respetar lo que sientes que no es para ti.
Creer de verdad en ti.
Sentir lo que has venido a hacer.
Abrirte a compartirte con el mundo.
Impulsar a otras personas a creer en ellas.
Reafirmarte ante el mundo con todo lo que HOY eres tú.
Seguir adelante.

Empoderarte es aprender a darte tu lugar en el mundo, pero primero aprender a darte tu lugar en ti.

He aprendido que, si tú por fin te das tu lugar, no necesitas pelearlo fuera. Las luchas externas disminuyen cuando ganas la mayor batalla: la que siempre has tenido contra ti misma.

Ha llegado el momento de bajar las armas y apostar por ti, reconocer una esencia preciosa que te hace diferente al resto, comprenderte y aceptarte cada día un poco más, y poner en valor en el mundo todo lo que has venido a compartir. Hacer lo que haces desde tu mirada, a tu forma y con el aderezo de cada una de tus cualidades y talentos, como el que cocina el más extraordinario manjar. Empodérate creyendo en ti, haciéndote espacio y amando todo lo que eres. Recupera el poder que nunca supiste que tenías, llévalo a tu centro y expande tu energía por el mundo siendo tú. Empodérate siendo auténtica.

Hay cosas que nos hacen poderosos: darnos a conocer, hacernos oír, ser dueños de nuestro relato personal y único, expresarnos con nuestra auténtica voz.

Michelle Obama

El alma libre es rara, pero la identificas
cuando la ves, básicamente porque te sientes
a gusto, muy a gusto, cuando estás con ella
o cerca de ella.

Charles Bukowski

54. AUTENTICIDAD EN TU MARCA PERSONAL

Deja de intentar parecerte a los demás y muéstranos tu esencia. Esa es la clave para tener una marca auténtica.

Laura Chica

Casi terminando de escribir el libro me viene que este tema también debe estar incluido, así que aquí voy.

Hace más de doce años que hablo de marca personal, impartiendo conferencias y formaciones, y he escrito sobre ello en algunos de mis libros. Cuando explico qué es la marca personal, siempre intento que en su definición esté la palabra autenticidad. Por muchas razones, pero la más importante es que sin ti no hay marca personal.

Si eres una profesional independiente tienes que saber que, si cuidas tu marca personal, tu impacto será mayor, y serás percibida con más equilibrio y coherencia. Tenerla ya la tienes, no hay que crear nada. Lo que sí puedes hacer es ser consciente de que sin hacer nada ya tienes una marca personal, que es el impacto o la huella que dejas en los demás en cada una de tus interacciones o apariciones públicas y sociales, y que poniendo atención y consciencia a eso que compartes sin darte cuenta puedes hacer que juegue a tu favor y ganar valor. Lo más interesante es que ya no tienes que ser una profesional independiente para poder cuidar tu marca personal; estés donde estés, trabajes en lo que trabajes, incluso en una empresa o por cuenta ajena, también puedes hacerlo. Esto abre el abanico de posibilidades haciendo el mundo más diverso, y el mundo que conocemos se convierte en un mundo de marcas personales compartiendo, cruzándose y colaborando en proyectos. También compitiendo, pero creo realmente que quien de verdad tiene una marca personal asentada y trabajada no compite; lo buscan.

Ante esta realidad profesional es muy necesario conocerse profundamente, reconocer tus diferencias y cualidades especiales, poner en valor tus talentos y habilidades en un mercado a veces plano, y apostar por ti sin miedo, con valentía y convicción, siendo consciente de que estás sumando al mundo con tu forma de mirar, hacer y crear. Esto para mí es gestionar tu marca personal desde la autenticidad, algo completamente necesario en este momento en el que parece que sobresalir es peligroso y que mejor que no se te vea mucho.

Ese es uno de los riesgos de trabajar tu marca personal y apostar por ti profesionalmente: sobresalir y que entre un mercado de perfiles parecidos destaque alguien que dice las cosas de otra manera, que atiende de una forma diferente o que ve las cosas como nadie antes. Y además de eso, se atreva a compartirlo en voz alta, gestionando sus miedos (porque los tiene) y priorice lo que es capaz de aportar al mundo antes que su paz mental (que te aseguro es mayor en su casa escondido que expuesto ante el mundo). ¿Y qué hace el mundo ante esto? Hay de todo, pero probablemente criticar. La crítica es la consecuencia de hacerlo diferente. Siempre que hagas algo diferente, a tu forma, saliéndote de lo normativo, innovando, arriesgando o hablando de cosas que antes nadie habló, estás expuesta a la crítica. Tienes que saberlo antes de dar ese paso adelante, para estar preparada y tener herramientas para la gestión.

Todo el que innova se expone a la crítica de los que no lo intentan. Todo el que se comparte con el mundo se expone a la crítica de los que no se atreven.

La vida es así y hay que aceptar lo que es, y, a partir de ahí, elegir cómo afrontamos y vivimos lo que pasa.

Quiero compartirte algunas claves para ir conectándote con tu marca personal y poniéndola en valor desde la autenticidad.

★ El primer paso siempre es el autoconocimiento: dedica tiempo a conocerte a ti misma. Reflexiona sobre tus valores, lo que te apasiona, descubre tus fortalezas y áreas de mejora. Esto te ayudará a definir mejor quién eres y al conocerte más será más fácil para ti saber qué te diferencia de los demás.
★ Desde ese conocimiento de ti misma, define tu propósito: ¿cuál es tu razón de ser?, ¿qué te motiva en la vida?, ¿adónde quieres llegar? Define en la medida que puedas tu propósito y cómo quieres contribuir al mundo. No tienes que saber contestar todo ahora, pero al menos estar conectada con esa pregunta y que te sirva como faro.
★ Encuentra tu propia voz: descubre tu voz auténtica y cómo te comunicas. ¿Eres apasionada, empática, optimista, conectada a las personas, a los objetivos, a la productividad? Alinea lo que comunicas con tu personalidad y tus valores de la forma más auténtica posible.
★ Identifica tu público: es importante saber que no eres para todo el mundo. Saber esto te ayudará mucho a segmentar y dirigirte a quien realmente necesita tu mensaje, y no perder energía intentando llegar a un público que no resuena contigo.
★ Crea una declaración de tu marca auténtica: desarrolla una

declaración de tu marca personal auténtica, lo más breve y concisa posible, que describa quién eres, a quién aportas y cuál es tu valor único. Peter Drucker decía que tendríamos que ser capaces de hacerlo con ocho palabras.

* Sé coherente: la autenticidad se basa en la coherencia. Asegúrate de que tu comportamiento, tu comunicación, tus palabras y tus acciones reflejen coherencia en tu marca personal en todo momento. Esto genera confianza y cercanía, y te percibirán como verdadera.
* Comparte tu historia: en la medida que puedas, comparte tus experiencias, tus aprendizajes personales y profesionales con tu comunidad. Tu historia es una parte importante de tu marca personal, que es solo tuya, y te conectará con tu comunidad de manera auténtica. Todos queremos sentir a las personas que hay detrás de la marca personal.
* Construye una presencia digital que sea cien por cien coherente con tu presencia física. Una de las cosas más bonitas que me dicen cuando me conocen es que soy como en las redes o incluso mejor, y eso es para mí un piropo, porque significa que lo que muestro es lo que soy, y eso es coherencia. Utiliza las redes sociales para interactuar, construir relaciones y compartir contenido relevante.

¿Cómo resumirías quién eres y lo que aportas al mundo desde tu marca personal auténtica?

Es una de las partes más complicadas de la marca personal, conectar con la autenticidad y crear tu propuesta auténtica de valor.

Puedes descubrir la de muchas personas que te inspiran y sigues por ejemplo en su bio de Instagram. Yo tengo puesto desde hace años dos:

«Ayudo a personas y equipos a brillar», ya que es lo que hago con mis formaciones y sesiones desde hace más de quince años, y tengo también: «Escribo para que te ames más bonito» porque es lo que pretendo con cada uno de mis libros, crear magia en ti y que tu mirada para contigo misma sea cada vez más compasiva y amorosa y te acompañes a creer en ti y a vivir tus sueños.

¿Siento que es una propuesta de valor auténtica? La verdad es que sí. Y no siempre ha sido la misma: mi propuesta de valor ha ido cambiando en la medida en la que yo misma he cambiado, me he orientado a un servicio u otro y siempre he sentido importante que mi marca resonara con mi autenticidad. Y si la esencia del ser es el cambio, no podemos forzar a que la marca personal o lo que mostramos sea estático, no tiene sentido. Por tanto te invito a fluir tú contigo misma, con tus cambios y verdades, abriéndote a todo lo que resuene contigo y soltando lo que ya no, y a ajustar tu marca y propuesta de valor a lo que eres en cada cambio, sintiendo que es algo que baila contigo y con la vida al ritmo de la música de tu alma.

Ojalá así siempre, y qué bonito.

La autenticidad es tu poder.

Nada podrá hacerte daño si estás conectada verdaderamente contigo. Si las raíces de tu árbol salen de lo más profundo de ti, ningún viento, por muy fuerte que sea, podrá romperte. Quizá te tambalea, pero la fortaleza de construir tu marca, tu vida, tu árbol, sobre unas raíces profundas y robustas, te dará la fuerza necesaria para afrontar con serenidad cualquier tormenta.

Y la autenticidad y la coherencia en tu marca personal te ayudarán a ser percibida por el entorno como verdadera, generando confianza y cercanía en tus colaboradores y clientes, y eso tiene más que ver con tu esencia que con tu producto.

Elige siempre ser tú, mostrar quién eres, cómo lo haces y qué crees, compartiendo tu mirada y tu forma de hacer, aderezando cada creación con tu esencia, y esa, sin duda, será la huella por la que serás recordada.

Principio de autenticidad:

Lo que perciba el cliente se transforma en confianza y conexión, o todo lo contrario.

सत्य

Satya

Es una palabra en sánscrito que significa verdad y honestidad. «Sat» significa «algo más que verdad», se refiere a algo más relacionado con lo auténtico, lo puro, lo inmutable que está más allá de la realidad. Es la práctica de la verdad en pensamientos, palabras y obras.

55. AMANDO TU MUJER SALVAJE

«Ser nosotras mismas hace que acabemos exiliadas por muchos otros. Sin embargo, cumplir con lo que otros quieren nos causa exiliarnos de nosotras mismas». Es este un principio de crecimiento personal y de autorrealización innegable. La valentía de ser una mismo en cualquier escenario, en cualquier contexto y sin importar ante quién estemos nos permitirá salvaguardar la propia identidad. De este modo, volveremos una vez más a nuestra esencia, a esa mujer salvaje que huye de la domesticación, de las trampas, de los cercos que intentan vetar su libertad. La manera para mantener la conexión con lo salvaje es preguntarte a ti misma qué es lo que tú quieres. «¿Qué es lo que anhelo? ¿Qué deseo en este momento? ¿Qué quiero? ¿Qué ansío?».

Clarissa Pinkola Estés

Este libro al completo va de ser mujer salvaje, porque ser mujer salvaje es permitirte ser tú, desde tu autenticidad. Esa que más que, quitárnosla, no nos han permitido vivir, ser, tener, o incluso nos han castigado por ello.

Te lo contaba en el capítulo de sagrado femenino: muchas veces he pensado a qué tenían miedo las personas y colectivos (y religiones y ciudades enteras) que ponían tanto empeño en castrar, limitar y ocultar a la mujer salvaje que vive en nosotras. Y ya puedo decírtelo: siempre han tenido miedo de nuestro poder.

Porque ser mujer salvaje es tener un poder natural en la relación contigo misma, en la relación con la vida, con la naturaleza que nos rodea, con el mundo y con los demás. Y ante esa inmensidad solo cabe bajar la cabeza, adorar o agradecer, pero el miedo a perder el control ante ese empoderamiento o a sentirse pequeño ante tal magnitud de autoconocimiento y sabiduría, les hizo elegir el miedo que les llevó a anular, ocultar y castigar ese poder natural que siempre tuvo más poder que ellos. Y nos llamaron brujas.

Y hoy quiero decirte que tú también lo eres, que todas lo somos, porque en nosotras vive la fortaleza de esas mujeres del pasado que lucharon por nosotras, que se conectaron con los poderes de la naturaleza, que se curaban con las plantas y sanaban con el mar, permitían que el viento limpiase sus miedos y que eran más fuertes en comunidad, apoyándose unas a otras. Hemos evolucionado mucho, pero evolucionar no es olvidar. Y hemos olvidado esa parte de nosotras que nos hace tan fuertes, que nos llena de energía, fuerza vital, alegría de vivir y hermandad. Clarissa Pinkola Estés recoge en su libro *Mujeres que corren con los lobos* este párrafo sobre la fortaleza que quiero compartir contigo:

«Ser fuerte no significa ejercitar los músculos o la flexión. Significa encontrarse con lo luminoso de una misma sin huir, viviendo activamente con la naturaleza salvaje de una manera propia. Significa ser capaz de aprender, ser capaz de sostener lo que sabemos. Significa sostenerse y vivir».

Fuerte es quien no huye, quien se muestra, quien deja a un lado el miedo y afronta desde esa fortaleza que no sabe que tiene lo que está pasando. Fuerte es también quien pide ayuda, pide el apoyo de sus «hermanas» o de cualquier persona que pueda ayudarte, porque es de valientes saber también cuando algo no puedes hacerlo sola.

Fuerte es saber reinventarse una y otra vez como haces tú, renacer entre las cenizas del que sabe que todo ha acabado y que todo empieza, y vivir la vida confiando en que la naturaleza es sabia y que todo es un ciclo de comienzos y finales, dejando vivir lo que tiene que vivir, y dejando morir lo que tiene que morir. La loba, «la que sabe», está dentro de todas nosotras y florece en lo más profundo del alma de las mujeres.

«La loba, la vieja, la Que Sabe, está dentro de nosotras. Florece en la más profunda psique del alma de las mujeres, la antigua y vital Mujer Salvaje. Ella describe su hogar como ese lugar en el tiempo donde el espíritu de las mujeres y el espíritu de los lobos hacen contacto —el lugar donde su mente y sus instintos se mezclan, donde la vida profunda de una mujer consolida su vida mundana—. Es el punto donde el Yo y el Tú se besan, el lugar donde las mujeres corren con los lobos».

Clarissa Pinkola Estés

A veces hay que recurrir a esa parte de ti en la que te sientes más arraigada, más parte del mundo, más fuerte, para poder hacer frente a la vida cuando se pone difícil. Cuando te sientas débil o perdida, cierra los ojos y busca en ti a la mujer salvaje. Una actividad preciosa es quitarte los zapatos y tomar tierra, poner música poderosa y soltar tu cuerpo, con los ojos cerrados, dejando que se exprese. Es como crear un camino de vuelta a ti siempre que lo necesites.

«La Mujer Salvaje se lidera y se respeta; es creadora y se transforma, baila, ríe, llora, pone límites y cuida a su tribu, y no teme mostrar sus cicatrices porque cada una de sus cicatrices honra su historia».

Mujer salvaje es hacerte el bello regalo de reconciliarte con tu naturaleza, con tu esencia, despertando tus instintos a todo eso que nunca tuvo que dejar de ver, ni de sentir. La conexión contigo, con tu cuerpo, con tu sexualidad y tus ciclos menstruales, tu naturaleza salvaje en tus relaciones, cómo te comunicas y escuchas a cada parte de tu cuerpo, la reconexión contigo. La conexión con el mundo que te rodea: sentirte en medio de un bosque, el arraigo de los pies en la tierra y la energía del mar. Abrirte a la intuición en tus relaciones y en la vida, sentir lo que sientes a través de tu intuición, y escuchar cada parte de tu ser. Dentro de ti reside una sabiduría ancestral, heredada de tus antepasados, que puede guiar tu camino, y se llama intuición.

Mujer salvaje eres tú, cuando te quitas todo lo que te han dicho que no sirve, que no es bueno o que no es apropiado. Mujer salvaje es permitirte ser por fin libre, soltar los condicionamientos y dejar salir esa parte de ti que siempre estuvo escondida. Es sentir, es moverte, es expresar, es exponerte, es vivir.

Mujer salvaje eres tú cuando te permites ser auténtica.

El 20 de octubre de 2022 en India, en el templo de Kunjapuri,
escribí esto que hoy quiero compartir contigo:

Así amanecía hoy en el templo de Kunjapuri en el Himalaya.
Que somos todo, que somos nada, que estamos de paso
y se nos olvida.
He decidido que quiero vivir mi vida, la que yo siento.
Parece obvio; no lo es.
Elijo elegirme, escuchar lo que siento, vivir lo que quiero,
aceptar lo que necesito. Soltar muchos *debería*
que siguen viviendo en mí,
y abrirme a lo que de verdad soy, pero aún me da miedo ver.
¿Qué quedará de mí?
Lo que tenga que estar, lo que tenga que ser.
Haz espacio a todo lo que eres.
Confía.

56. AMANDO TUS CREACIONES AUTÉNTICAS

La creatividad es un regalo divino que todos llevamos dentro, solo necesitamos darle permiso para florecer.

Clarissa Pinkola Estés

Has venido a este mundo a expresar lo que hay en tu alma a través de tus creaciones auténticas. Este libro, por ejemplo, es una creación de mi alma para ti, y para el mundo, así como mis otros libros.

Decía Coco Chanel: «Mi vida no me agradaba, por lo que creé mi vida». Mi amiga Pame, @mentadays, de Perú, dejó su trabajo corporativo como directora de marketing tras muchos años, para expresar su alma de colores a través de sus cuadros. Es creatividad, pero también es valentía. Le pregunté el otro día cómo había hecho para ser cada día más auténtica y me contestó esto: «Respetando a mi musa más importante: mi niña interior. Siendo creativa en vez de perfecta, disfrutando mis procesos silenciosos para luego honrarlos con congruencia. Pensando y hablando desde el corazón. No teniendo una competencia conmigo misma sino una gran armonía entre la disciplina y la pasión».

Es un camino arriesgado pero a la vez precioso que te invita a sentirte cada vez más cerca de ti misma.

La creatividad es algo así como mensajes e ideas que esperan llegar al mundo a través de personas que estén lo bastante abiertas para recibirlos. Es muy bonito sentirte canal de creación, sentir fluir en ti las ideas y materializarlas, ver cómo algo que nació en algún lugar y aterrizó en ti se manifiesta en la realidad y lo puedes ver, sentir, y a veces tocar.

Es imposible hablar de creatividad sin hablar de la preciosa Elizabeth Gilbert y cómo honra la creatividad en *Libera tu magia*. Ella y Julia Cameron son dos de las mujeres que más bonito hablan de creatividad.

Y hablar de creatividad es hablar de miedo, porque cada miedo, consciente o inconsciente, es una pequeña barrera que te pones entre tú y tu capacidad mágica creadora y creativa. Vivir de forma creativa es de valientes.

En su libro, Elizabeth nombra algunos miedos que encontró y que quiero compartirte aquí:

«Temes no tener talento.

Temes que te rechacen, critiquen, ridiculicen, malinterpreten o, lo que es peor, te ignoren.

Temes que no haya mercado para tu creatividad y, por tanto, no tenga sentido dedicarte a ella.

Temes que lo que puedas hacer ya lo haya hecho alguien antes y mejor.

Temes que todo el mundo lo haya hecho ya antes y mejor.

Temes que alguien te robe las ideas, así que te parece más seguro mantenerlas escondidas.

Temes que no te tomen en serio.

Temes que tu trabajo no sea lo bastante importante política, emocional o artísticamente para cambiar la vida de nadie.

Temes que tus sueños sean algo de lo que debas sentirte avergonzado.

Temes que un día, al mirar atrás, tus empeños artísticos te parezcan una gigantesca pérdida de tiempo, dinero y esfuerzo.

Temes no tener la disciplina necesaria.

Temes no tener la disponibilidad laboral, la independencia financiera o las horas libres necesarias para centrarte en inventar o explorar.

Temes no tener la formación o la titulación necesarias.

Temes que te tomen por un intruso, un tonto, un diletante, un narcisista.

Temes contrariar a tu familia con lo que puedas revelarles.

Temes lo que puedan decir tus compañeros y colegas si expresas en voz alta tu verdad personal.

Temes dar rienda suelta a tus demonios interiores y no tienes ningún deseo de hacerles frente.

Temes haber dado ya lo mejor de ti.

Temes no tener nada que dar.

Temes haber desatendido tu creatividad durante tanto tiempo que ya no puedas recuperarla.

Temes ser demasiado mayor para empezar.

Temes ser demasiado joven para empezar.

Temes que, puesto que ya te ha salido bien una cosa en la vida, no pueda irte bien otra.

En cualquier caso, es una lista infinita, además de deprimente. Así que la voy a resumir así: MIEDO, MIEDO y MÁS MIEDO».

Decía Caroline Myss: «Siempre elige la opción que más te asuste, porque esa es la que va a requerir más de ti».

En la medida en la que más te conozcas y hagas espacio a tu autenticidad, más peso tendrán tu seguridad y tu propósito, y menos peso tendrán tus miedos. Y a la vez, cuanto menos espacio tengan tus miedos, menos barreras sentirás para expresar tu ser auténtico.

Es un círculo de influencia continua que no acaba nunca, pero que puedes interferir en cualquier momento y por cualquier lado, para hacer que juegue a tu favor.

Las creaciones auténticas vienen desde el alma. Al darte el permiso para reconocer tu propia divinidad interior y poder vivir en sintonía con ella en cada aspecto de tu vida, la creatividad emerge, conectada a la fuente. Somos creación. Somos creatividad. Somos creadoras. Sabrás que estás en tu camino de vida, conectada al universo, a la vida, y a ti, porque la creatividad fluirá como parte de tu esencia. Si aún no sientes que es así, quizá puedas revisar qué cambio te está gritando tu alma que no estás escuchando, y qué miedos la están acallando.

Cuando eres, cuando te escuchas, cuando te abres a lo que está siendo, todo es más fácil.

Que el camino hacia tu vida auténtica te llene de tu creatividad divina, y que la apertura a la creatividad te permita expresar tu ser auténtico. Es el momento perfecto para creer, crear y compartirte con el mundo.

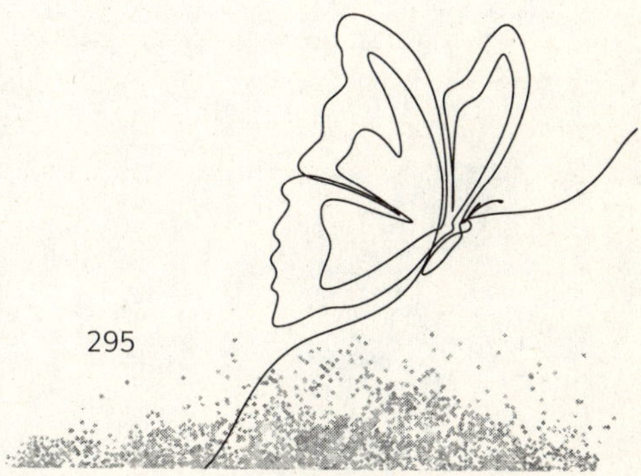

Cierra los ojos.
¿Qué ves?
Lo que ves cuando cierras los ojos al mundo
y miras en lo más profundo de ti
es quien realmente eres tú.
Eres magia.
Eres amor.
Eres paz.
Eres creación.
Eres infinita.
Eres potencialidad.
Eres alma
Eres verdad.

Cuando te pierdas, búscate siempre con los ojos cerrados
al mundo y abiertos a quien eres tú.
Recuerda que tú estás siempre contigo.

57. ERES TODAS LAS MUJERES QUE VIVEN EN TI

De todas las mujeres que habitan en mí,
juro que hay algunas que yo ni conozco.

Vanesa Martín

Eres todo, eres nada.

Eres todas las mujeres que viven en ti.

Es necesario que hagas espacio a todas las versiones de ti misma que viven en ti, porque te ayudará a conocerte, a comprenderte y a guiarte cuando te necesites.

Quiero hablarte de los arquetipos, que te van a ayudar a conectarte con la mujer que ya eres en esencia y comprenderte. Cada uno de nosotros funcionamos desde algún patrón arquetípico con el que podemos identificarnos de alguna forma. Puede haber cientos de ellos, por lo que puedes encontrar diferentes divisiones o formas de enfocarlo: como cualidades, como características de los doce signos del zodiaco, como diosas de la antigüedad, y otras formas.

Los arquetipos son energía con información, potencial, cualidades, fuerza y dirección que nos ayudan a conocernos, a reconectarnos con nosotras y empoderarnos cuando necesitemos actuar de una forma determinada. A nivel más profundo, los arquetipos son disposiciones psíquicas inconscientes, universales e innatas. Forman parte de lo que Jung llamó el «inconsciente colectivo» y sirven para organizar y dirigir el pensamiento y el comportamiento humanos. Los arquetipos determinan cómo percibimos la vida, el mundo, las imágenes y las sensaciones; nos ayudan a darle sentido a la realidad que nos rodea. Todos los arquetipos incluyen una parte de luz y una parte de sombra, por lo que a través de esta descripción, pueden ayudarnos a reconocer lo que nunca queremos ver en nosotros y ayudarnos a integrarla. Como dice Caroline Myss: «Ver si expresas el arquetipo desde la luz o la sombra puede servirte para identificar tus debilidades y fortalezas interiores para mejorar tu vida y hacerte más libre y consciente».

Según esta experta en medicina intuitiva y escritora, «los arquetipos son modelos universales de comportamiento que, una vez los hayas descubierto, te ayudarán a entenderte mejor y a comprender cuál es tu lugar en el mundo. En pocas palabras, conocer tus arquetipos puede cambiarte la vida. No nacemos sabiendo quiénes somos o por qué somos como somos» y continúa invitándonos a cuestionarnos algunas cosas:

«¿Quién soy? ¿Cómo puedo sentirme más realizado? ¿Qué propósito tiene mi vida? No son preguntas habituales ni se responden encontrando el trabajo conveniente o la pareja adecuada. Son llamadas desde lo más profundo de tu ser para que descubras tu verdadero yo, ese que anhela que se lo acepte sin dudas ni temor. En tus arquetipos está la huella de ese yo. Eres mucho más que tu personalidad, mucho más que tus costumbres, mucho más que tus logros. Eres un ser humano tremendamente complejo con historias, mitos, sueños y ambiciones de proporciones cósmicas. No pierdas tiempo infravalorándote. Sueña a lo grande, usa la energía de tu arquetipo para expresar el verdadero motivo por el que viniste al mundo. La vida nunca ha sido segura. La vida es para vivirla plenamente hasta el final».

Sin duda una invitación a conectarnos con algo poderoso que vive en nosotros y que quizá nunca nos hemos parado a identificar, para poder usarlo a nuestro favor.

Podemos recurrir a estos arquetipos y activarlos en los momentos en los que necesitemos esa cualidad del arquetipo. De alguna forma nos empodera y nos puede hacer sentir más equilibradas y conectadas, y con más conexión espiritual. Es decir: no solo saber que ese arquetipo está en nosotras, sino poder activarlo cuando necesites que te ayude a algo.

Cuando hablamos de arquetipos, hay diferentes categorías. Para Carl Jung, los seres humanos nos dividimos en doce tipologías, unos arquetipos que representan las motivaciones básicas del ser humano: valores, premisas, rasgos de personalidad y creencias generales. Los arquetipos pueden ayudarnos en nuestro camino, cuando necesitemos determinadas energías. Por ejemplo, algunos arquetipos, como el Sabio o el Héroe, pueden servir como guías internos en nuestro camino hacia la autenticidad, que nos inspiren a vivir de acuerdo con nuestros valores y propósito más elevado, contribuyendo así a crear una vida auténtica.

Sobre los arquetipos de la mujer, la psiquiatra Jean Shinoda Bolen nos habla de siete diosas en las que podemos reconocernos: tres diosas vírgenes, tres diosas vulnerables y una diosa alquímica.

Los siete arquetipos de las diosas son las diosas vírgenes (Artemisa, Atenea y Hestia), las diosas vulnerables (Hera, Deméter y Perséfone) y la diosa alquímica (Afrodita).

- Artemisa, la guerrera.
- Atenea, la estratega.
- Hestia, la mujer sabia.
- Hera, la esposa.
- Deméter, la madre.
- Perséfone, la niña.
- Afrodita, la amante.

Y en función de la energía disponible durante el ciclo menstrual de la mujer, Miranda Gray hablaba de «mujer cíclica» reconociendo cuatro arquetipos diferentes en cada ciclo lunar y menstrual, y es precioso reconocernos en cada uno de ellos para comprendernos y amarnos desde ahí. Cada fase, cada arquetipo, es energía disponible, y como tal te hace sentir diferente, hacer diferente y pensar diferente. Y todas eres tú. Así, tenemos ese momento en que tú eres la mujer bruja o sabia, la mujer madre, la mujer doncella o virgen y la mujer hechicera o sacerdotisa.

También podemos encontrar las seis diosas hindúes en nosotras, cada una con su energía, sus cualidades y fortalezas y debilidades:

- Durga: diosa guerrera que simboliza la fuerza y la protección. Es adorada por su capacidad para destruir el mal y restablecer el equilibrio cósmico.
- Lakshmi: es la diosa de la riqueza, la prosperidad y la fortuna. Se la venera para atraer la abundancia y la buena suerte.
- Saraswati: diosa del conocimiento, la sabiduría y las artes. Se la asocia con la música, la literatura y el aprendizaje.
- Parvati: diosa del amor y la devoción. Es la consorte de Shiva y es venerada como la madre cósmica.
- Kali: diosa feroz y destructora que simboliza el tiempo y la oscuridad. Aunque a menudo se la ve como una fuerza destructiva, también representa la liberación y la transformación.
- Sita: esposa del dios Rama y encarna las virtudes de la devoción y la fidelidad. Es un símbolo de la pureza y la paciencia.

Como ves, son formas de entender partes que viven en nosotras a través de «personajes» para reconocerlos en nosotras, comprenderlos y comprender nuestra esencia y nuestro equilibrio. No es que haya tantos; muchos de ellos coinciden con diferentes nombres. Por ejemplo: la chamana comparte las cualidades de Kali (India), de Perséfone (Grecia) o de Lilith (Oriente Medio).

Cada arquetipo tiene su esencia, su energía, su cualidad, su fortaleza, su dificultad, y conocerlos nos ayuda a conocernos. Y reconocer cuáles son nuestros arquetipos predominantes también nos ayuda en nuestro camino a la autenticidad. Poder saber cuándo estamos siendo verdaderamente nosotras mismas, cuándo estamos en la energía de otro arquetipo, y cuándo necesitamos volver a lo que de verdad somos. También ayuda mucho en nuestra relación con los demás.

Al explorar los arquetipos y reconocer los roles que desempeñamos en la vida, podemos acercarnos a una comprensión más clara de quiénes somos realmente. Este encuentro con tu verdadero yo es esencial para vivir una vida auténtica.

Si te apetece, puedes seguir profundizando en ello con libros de Carl Jung, Caroline Myss o Jean Shinoda Bolen.

58. TIENES DERECHO A TU PROPIA MIRADA

La mejor forma de honrar a tus antepasados es siendo feliz y libre.

Laura Chica

«Calladita estás más guapa».
«No estás aquí para pensar».
«Nadie te ha pedido que opines».
«La decisión ya está tomada».
«No sabes ni lo que quieres».
«No vales para nada».
«Que no se te vea mucho».
«Intenta no destacar».
Puedo seguir…, pero seguro que tu realidad supera esta ficción. Venimos de aquí, de una realidad en la que nos hemos tenido que callar por norma, o nos han callado a la fuerza, y esto, generación tras generación, sigue en nuestro ADN. No hace tanto: nuestras madres quizá callaron menos que nuestras abuelas, pero han vivido más contenidas y anuladas de lo que vivimos nosotras, y así, generación tras generación, seguimos en este camino hacia la libertad de ser.

Y estamos aquí, en pleno siglo XXI, abanderadas de la igualdad y el empoderamiento, pero sigue habiendo algo que nos impide dar ese paso al frente y liderar nuestra propia vida, alzar la voz, vivir con abundancia y sentir que merecemos el éxito en nuestra vida. Y eso también está en el ADN.

Reconocer nuestra historia y la de nuestros antepasados es el primer paso. Ser conscientes de qué tuvieron que vivir, afrontar, aguantar, superar y todos los verbos posibles las mujeres de nuestras familias. Esto nos sitúa en un punto cero, donde, llenas de humildad y amor, reconocemos su camino y todo lo que vivieron para que nosotras hoy estemos aquí, así. Qué suerte tenemos ¿verdad?, poder ser mujer en esta época en la que si queremos podemos hablar, podemos opinar, podemos gritar nuestra verdad, ser autónomas, independientes, libres, y brillar. Esta es una bella forma de agradecer a nuestros antepasados todo lo que hicieron por y para nosotras, para que hoy pudiésemos estar aquí, así.

Cuando brillas tú, brillamos todas.
Las que estamos aquí y las que ya no.
Y también las que están por venir.

Sin embargo, a veces olvidas esto. Te escondes de ti, de los demás y del mundo. No te escuchas. No te callan, pero te callas. Nadie te dice que no opines, pero te cuesta opinar. Tienes que tomar decisiones y prefieres no hacerlo. Vives con miedos. Quizá más miedos que sueños. Hay mucho de lo que vivieron tus ancestras en ti, y es necesario parar, darte cuenta de cuánto de lo que eres realmente no te pertenece, no es tuyo. Es necesario saber que la mejor forma de honrar a tus antepasados es siendo feliz, siendo libre, viviendo una vida que ames, y lo contrario es una lealtad inconsciente, un amor ciego, una forma de encadenarte a un castigo que nunca fue para ti y nadie te lo impuso.

Por eso recuerda que tienes derecho a tu propia mirada, a tu propia voz, a tener tu opinión sobre lo que pase, a decidir tu vida. No dejes que nadie te diga lo contrario. Cuando eso pase, siente a todas las mujeres de tu familia dándote su fuerza detrás de ti, y da un paso adelante. Gracias a su camino, su vida y su muerte, hoy tienes la preciosa oportunidad de crear tu vida. Disfrútala.

Les debes lealtad a tu alma
y a lo que has venido a hacer.
No le debes lealtad a lo que los demás
esperan de ti.

Eres infinita,
ilimitada y plena,
poderosa y divina,
cuando te llenas de
la magia
de ser tú.

59. MERECES LO QUE AMAS, LO QUE QUIERES, Y ERES DIGNA DE ELLO

Merezco amor y aceptación incondicional.
Merezco todo lo bueno que la vida tiene para ofrecerme.
Merezco el éxito y la abundancia
en todas las áreas de mi vida.
Merezco ser feliz y vivir una vida plena.
Merezco ser amada y amar incondicionalmente.
Me merezco recibir todo el apoyo que necesito en mi camino.
Merezco vivir una vida llena de propósito y significado.
Merezco tener éxito en mis metas y sueños.
Merezco recibir todas las bendiciones que el universo
tiene para mí.

Louise Hay

Uno de los retos que tenemos en relación con nuestro autoamor, y nuestra autoestima, sigue siendo el merecimiento.

Vivimos como pidiendo permiso para hacer, y después de mucho esfuerzo, trabajo, constancia y tiempo, cuando la vida nos regala cosas buenas, una voz dentro nos grita que «eso es demasiado bueno para ser para ti». O algo así. El caso es que lo escuchamos, lo creemos, y nos hacemos pequeñitas frente a eso que se nos da, que la vida nos ofrece.

Es un tema de merecimiento.

Quizá no te des cuenta, porque opera a nivel inconsciente, pero en tu interior van circulando una pregunta tras otra del estilo ¿esto es para mí?, ¿de verdad?, pero ¿yo merezco eso?, ¿y si es demasiado para mí?, ¿y si no soy capaz de hacerlo? Y así pasan los segundos, los minutos, las horas y los días, y eso que era para ti pasa de largo porque no tuviste la determinación de ir a por ello.

Aplíquese a oportunidades profesionales, regalos de la vida, personas, relaciones y milagros.

Si miramos de dónde viene esta sensación de falta de merecimiento, hay que ir muy atrás y muy adentro: la educación recibida, los modelos de tu vida y ejemplos, los valores que te han inculcado, tu valor, tu valía, tu autoestima, tus creencias, y una combinación incierta de elementos que desembocan en una sensación de «no merecer» que te aleja de todo lo bueno que la vida te trae. Quizá ya es suficiente. Quizá es momento de decir «yo merezco» y vivir las cosas en tu vida con dignidad, autoamor, presencia y agradecimiento. Y sin culpa. Quizá es momento de asentir a lo que la vida te trae, decir «sí, lo recibo», y abrir los brazos a la magia, a las oportunidades, a los sueños, a todo lo que siempre has deseado y quizá nunca te has permitido. Tu ser auténtico merece la Vida, la abundancia, la belleza, el disfrute, el amor, y todas las cosas bonitas que nos acompañan aquí en la Tierra, simplemente por existir. No tienes que hacer nada para merecerlo; ya es tuyo. Tu trabajo es no cerrarte a lo que te llega, abrir los brazos cada vez más a todo lo que llega a ti, con amor, gratitud y humildad, aprendiendo el ciclo perfecto de dar y recibir, trabajando el merecimiento, recordando el mantra «Sí, merezco todo lo bonito que la vida tiene para mí, gracias, gracias», como palabras guía en los momentos en los que te cueste sentir ese merecimiento.

Y cuando te aman, también.

Mereces ser amada.

Mereces que te amen incondicionalmente, que te acompañen, te cuiden, te ayuden, te protejan, te respeten, y todo lo que puedas imaginar en una relación bonita. Desde que naciste eres digna de amor incondicional, y si nunca lo has vivido, comienza hoy por creer que de verdad lo mereces.

Yo te amo.

Ámate también tú.

Y desde ese amor auténtico y la seguridad de lo que sabes que mereces y lo que no, elige quedarte donde sí, y salir de donde no, con la determinación de quien ama, pero también se ama a sí misma.

Nunca te olvides de ti, estés donde estés, estés con quien estés.

Recuerda cada día que mereces todo lo bueno que la vida tiene para ti.

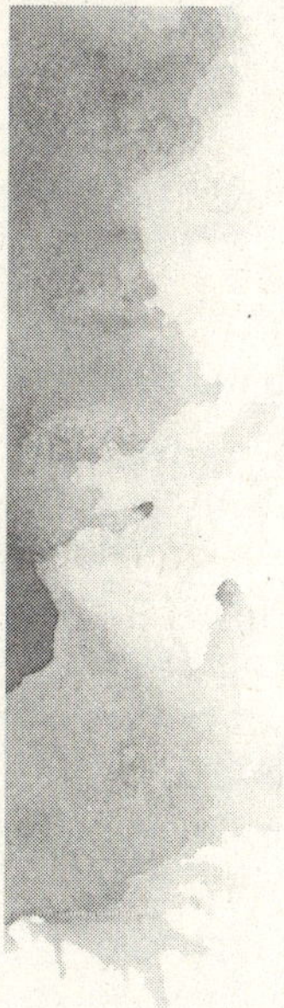

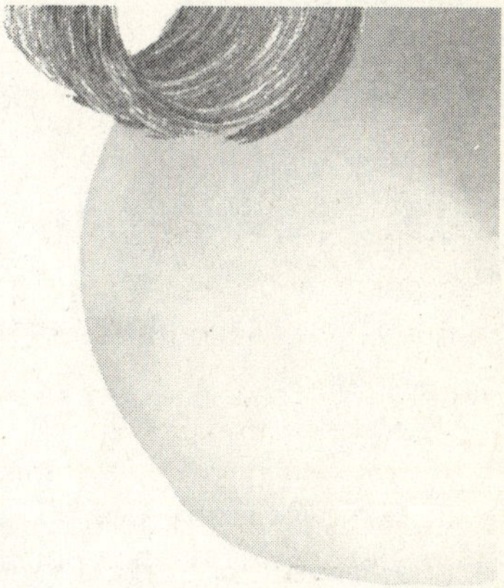

El vacío de no sentirte
reconocida o valorada
solo lo puedes llenar
con Autoamor.

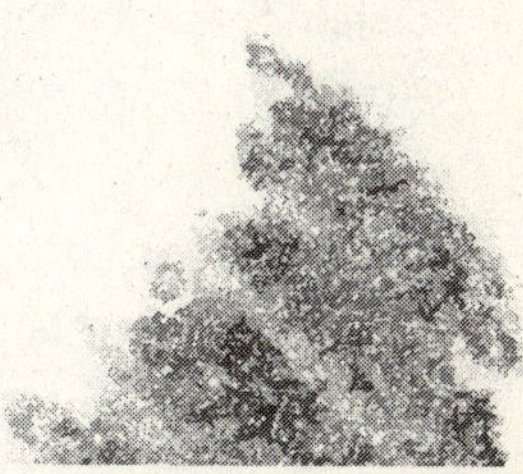

60. COMPÁRTETE CON EL MUNDO

—¿Y cómo sabré que me conecto con mi autenticidad?
—Tu luz es tu autenticidad.
Laura Chica

El mayor regalo que puedes hacerte a ti misma es ser tú.

El mayor regalo que puedes hacer al mundo es compartirte con todos nosotros. Aunque creas que no, todos hemos venido a eso.

Imagina que antes de llegar aquí nos repartieron unos papeles que teníamos que desempeñar en este «teatro» que es la vida. Como los arquetipos que hemos visto, tú serás el que inspire a otros a seguir, tú les enseñaras cómo planificar, tú a mover el cuerpo, tú a que descubran cómo respirar conscientemente. Así, un papel tras otro, para que al llegar aquí abajo, con el tiempo, juguemos nuestro propio juego, que será descubrir ese papel que se nos dio y olvidamos (y conectado al propósito) y después jugar al segundo juego, que será compartirnos con el mundo, y descubrir a través de esos papeles a lo que realmente hemos venido y cómo podemos ayudar, servir y acompañar a los demás desde ahí.

Desde esa perspectiva, para que este teatro de la vida funcione adecuadamente es necesario que todos compartamos con los demás lo que hemos venido a hacer, y ser. Los miedos, las inseguridades, el sentimiento de no ser suficiente, de no tener nada que aportar, no solo te afecta a ti, sino también al mundo, porque nos quedamos sin tu parte del juego.

Ojalá fuese así de sencillo, que no lo es, pero me ha parecido un ejemplo simbólico para explicarte lo importante que es que te compartas con el mundo.

Has venido aquí a ser tú, a descubrir quién eres, quién has sido siempre, quién es la persona que se esconde tras esos trajes aprendidos, los miedos adquiridos y los sueños impuestos. Has venido a descubrirte y a aprender a amarte por el camino. Has venido a compartir tus talentos con el mundo, tus cualidades, fortalezas, habilidades, tu mirada y tu forma de hacer. A brillar desde tu ser auténtico. A vivir desde tu autenticidad.

Cuando tú eres auténtica, nos inspiras a todos a serlo.

Cuando tú te amas, nos enseñas a los demás a amarnos bonito.

Cuando tú brillas, nos invitas a todos a brillar contigo.

Así de bonito es que te permitas eso que has venido a hacer, eso que has venido a aportar, a sumar y a crear, porque, lejos de quedarse solo para ti, se expande al mundo. Y uno más uno es infinito.

Compartirte con el mundo es una bella forma de amor, y también de autoamor, al darte el permiso para brillar y ser tú para el mundo.

Tu autenticidad te invita a vivir una vida plena, significativa, verdadera, llenando tu vida de ti, y a entregar tus dones y talentos a los demás para hacer más bello el mundo.

¿Lista para brillar?

Te estamos esperando.

Una flor se abre
para su propio gozo.

Oscar Wilde

el Método Auténtica

El modelo para trabajar la autenticidad que te propongo yo es el Método AUTÉNTICA de 9+1 elementos de creación propia.

Un camino para explorar y desarrollar la autenticidad con personas y líderes que necesiten revisar quiénes son, qué están haciendo y desde dónde lo están haciendo, para, posteriormente, dejar salir su voz auténtica, desde un lugar de seguridad y confianza en ellos mismos.

En este método de nueve elementos, estamos acompañadas durante todo el proceso por el eje de autoamor, que nos mantiene siempre en una posición de no juicio, autocuidado y respeto a nosotras mismas y a nuestro proceso. Solo desde ahí podemos transitar este camino hacia la autenticidad, a veces doloroso y a veces lleno de fuerza, desde un lugar de empoderamiento, seguridad y confianza.

El Método AUTÉNTICA consta de 9 elementos en este orden, y el elemento +1 es el autoamor que nos acompaña en todo el proceso.

AUTOAMOR

1. Conocimiento profundo de ti misma y tu historia.
2. Identificar patrones, lealtades y heridas.
3. Agradecer, soltar y sanar patrones, lealtades y heridas.
4. Reconexión con tu esencia: ¿quién eres?
5. Descubrir tu voz, tu mirada y tus innegociables.
6. Autoafirmación de ti misma: recupera tu poder.
7. Contratos y compromisos en esta nueva versión de ti.
8. Seguridad y confianza en ti misma con la energía en tu centro.
9. Brillar siendo tú.

Algunas preguntas que pueden ayudarte a transitar este camino con el Método AUTÉNTICA son estas. Te invito a anotar tus respuestas en un cuaderno para conocerte con más profundidad. Si acompañas a personas o líderes en su desarrollo, podéis trabajar estas preguntas juntos. Comenzamos.

1. Conocimiento profundo de ti misma y tu historia:

   a. ¿Cuáles son los eventos clave de tu vida que han contribuido significativamente a que seas como eres hoy? ¿Cómo los viviste entonces y cómo puedes resignificar esas experiencias con los ojos de hoy?
   b. ¿En qué medida la exploración de tu historia te ha ayudado a abrazar aspectos auténticos de tu ser? ¿Qué has descubierto de ti?
   c. ¿Qué aspectos de tu personalidad y valores consideras fundamentales para tu identidad? ¿Cuáles sientes que se habían quedado por el camino y quieres recuperar?

2. Identificar patrones, lealtades y heridas:

   a. ¿Puedes identificar patrones recurrentes en tus relaciones personales y profesionales que normalmente no habías visto? ¿Cómo te afectan?
   b. ¿Hay lealtades familiares o sociales que te están limitando o condicionando de alguna manera en ser auténtica? ¿Cómo? ¿Qué quieres hacer con esto?

c. ¿Cuáles son las heridas emocionales que aún afectan tu bienestar y toma de decisiones? ¿Qué necesita tu niña interior que mires para sanar? ¿Cómo abordas las heridas emocionales identificadas para liberarte y ser más auténtica?

3. Agradecer, soltar y sanar patrones, lealtades y heridas:

a. ¿Cómo podrías practicar la gratitud en tu vida para mejorar tu bienestar emocional? ¿Cómo podrías agradecer los patrones, lealtades y heridas que te han acompañado en tu vida por lo que te hayan podido aportar, proteger o acompañar? Aunque sea difícil, agradecer es el primer paso para soltar y sanar.
b. ¿Cómo podrías liberarte de patrones y lealtades que ya no te sirven? ¿Cómo podrías sanar lealtades y heridas que podrían estar afectando tu autenticidad?
c. ¿Cuáles son tus estrategias para sanar heridas emocionales y avanzar hacia una versión más auténtica de ti misma? ¿Qué cambios has experimentado al liberarte de patrones, lealtades o heridas a través del agradecimiento y la sanación?

4. Reconexión con tu esencia, ¿quién eres?:

a. ¿Cómo definirías tu esencia más auténtica y verdadera? ¿Qué sientes que dejaste por el camino y quieres recuperar?
b. ¿Cuáles son tus valores fundamentales y cómo se reflejan en

tus acciones diarias? Haz tu lista de valores y ordénalos por importancia para ti.

c. ¿Qué actividades o situaciones te conectan más profundamente con tu verdadero yo?

5. Descubrir tu voz, tu mirada y tus innegociables:

a. ¿Qué podrías hacer para conocer y expresar tu opinión y ser escuchada en diferentes aspectos de tu vida?
b. ¿Cuáles son tus valores y criterios innegociables en tus relaciones personales y profesionales?
c. ¿Cómo reflejas tu autenticidad a través de tu forma única de ver el mundo? ¿Cómo lo podrías hacer más?

6. Autoafirmación de ti misma; recupera tu poder:

a. ¿Cómo practicas la autoafirmación en situaciones desafiantes? ¿Cómo podrías practicar la autoafirmación para fortalecer tu conexión con tu autenticidad?
b. ¿Cuáles son esos logros y fortalezas presentes en ti y en tu camino que te recuerdan tu poder personal? ¿Qué podrías hacer para no cederlo tan fácilmente y quedarte contigo en momentos difíciles?
c. ¿Cómo podrías enfrentar los momentos de duda o inseguridad que puedan llegar, afirmándote a ti misma y siendo coherente contigo?

7. Contratos y compromisos en esta nueva versión de ti:

   a. ¿Qué acuerdos o compromisos estás dispuesta a establecer contigo misma para ser cada día más auténtica?
   b. ¿Cómo podrías establecer límites saludables en tus relaciones para proteger tu bienestar emocional y mantener tu coherencia y autoamor? ¿Qué ajustes has realizado en tus compromisos para alinearte más con tu verdadero yo?
   c. ¿Cuáles son tus expectativas y compromisos contigo misma en esta nueva etapa de tu vida? Haz una lista que genere ese compromiso contigo y con tu autenticidad desde el autoamor.

8. Seguridad y confianza en ti misma con la energía en tu centro:

   a. ¿Cómo podrías aumentar tu seguridad y confianza en ti misma y la conexión con tu centro en situaciones desafiantes que intentan alejarte de quien eres realmente?
   b. ¿Qué acciones o pensamientos pueden contribuir a fortalecer tu seguridad y confianza en ti misma? ¿En qué situaciones has experimentado un aumento de confianza al permanecer en tu centro?
   c. ¿Qué podrías hacer para mantener un equilibrio interno incluso en momentos de incertidumbre y desafío? ¿Qué acciones podrías hacer para mantener una conexión sólida con tu energía interna y mantenerte en tu centro?

9. Brillar siendo tú:

   a. ¿Cómo podrías describir el concepto de «brillar siendo tú» en tu vida? ¿Cuándo sabrías que por fin estás brillando? ¿Qué verían los demás y qué sentirías tú?
   b. ¿Qué actividades o pasiones te permitirían expresar tu verdadero brillo? ¿Cuáles son los desafíos que has superado para brillar siendo tú y cómo ha contribuido a ello el camino que estás recorriendo de reconexión con tu autenticidad?
   c. ¿Cuáles son los pasos que estás dando ya para compartir el brillo que te regala tu autenticidad con el mundo?

Espero que estas preguntas te sirvan a ti para tu propio camino, y a otras personas si las usas para acompañarlas en su camino de autenticidad.

LA FÓRMULA DE LA AUTENTICIDAD

Muchas personas nos preguntamos, ¿cuál es la fórmula de la autenticidad?, y quizá es más fácil de lo que parece. Estuve diseñando lo que para mí puede ser la fórmula para ayudarnos a ser más auténticas en nuestra propia vida. Te la comparto aquí:

$$\textbf{AUTENTICIDAD} = \frac{\text{Autoconocimiento} + \text{Coherencia} + \text{Valentía}}{\text{Miedos}}$$

Para ser auténtica es necesario que te abras al conocimiento profundo de ti misma. Todo lo que descubras de ti te conectará con tu autenticidad, con la verdad que hay en ti. Pero eso no es todo: necesitas vivir en coherencia con lo que descubras de ti, con quien eres, con lo que sientes, con lo que quieres. No es nada fácil, por eso muchas personas eligen directamente no saber de lo profundo de sí mismas y vivir en la superficie. Por eso se requiere valentía, la valentía de dar un paso al frente y ser tú, mostrarte al mundo y derribar todos los obstáculos que te lo impedían.

Y poner especial atención a tus miedos, creencias, limitaciones. Tus miedos siempre van a reducir lo que eres, lo que quieres, lo que te gustaría ser o hacer. Por tanto, siempre van a estar en el factor divisorio, dividiendo y reduciendo tu potencial.

Por tanto, si te abres a conocerte cada día más, vives en coherencia contigo misma, con quien eres y con lo que quieres y sientes, y además tienes la valentía de ser tú, de mostrarte al mundo como eres y hacer lo que sientes, estarás viviendo de forma auténtica. En la medida en la que permitas que tus miedos se interpongan (miedo a decepcionar, a ser diferente, a que te miren, a no gustar, al ser rechazada...), reducirán tu autenticidad.

Esta fórmula «mágica» no es mágica, pero puede serlo, porque en la medida en la que comienzas a aplicarlo en tu vida, creces, eres cada día más tú, más feliz, y más libre. Y no hay mayor magia que esa. La constante en toda la fórmula es el autoamor, el eje que lo sostiene todo, que te sostiene a ti, siempre.

El camino a la autenticidad es un camino largo, quizá toda la vida, pero caminar sabiendo qué estamos haciendo, hacia dónde nos dirigimos y, lo más importante, sintiendo que estamos con nosotras mismas (autoamor) hace que el camino sea un desafío, pero no un imposible, nos sentimos con más recursos para afrontar los obstáculos que encontremos y también, por qué no, disfrutar de cada paso del camino. Eso deseo para ti: que tu sed de crecimiento nunca se sacie, porque siempre quieras seguir avanzando en tu desarrollo personal, profesional y espiritual, y que disfrutes cada paso del camino como un logro que conseguimos y que cada día nos acerca más a nuestro destino: nosotros mismos.

HERRAMIENTA: EL IKIGAI DE LA AUTENTICIDAD

La reflexión y profundización en tu propio sentido de vida y propósito, conocido como IKIGAI, me ha servido para crear esta herramienta que comparto contigo que es el IKIGAI de la Autenticidad (Laura Chica, 2024).

Te invito a profundizar en tu propósito de ser auténtica, conectándote con los 4 elementos principales y secundarios de la autenticidad, y sus respectivas preguntas, que te comparto a continuación.

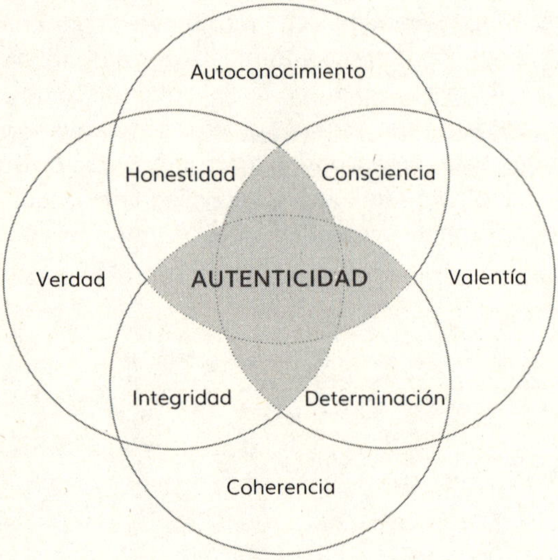

Herramienta adaptada: IKIGAI de la Autenticidad, Laura Chica, 2024.

★ Autoconocimiento: descubre quién eres verdaderamente, con todo lo que eres y vive en ti.

¿Qué actividades, experiencias o reflexiones te han ayudado a comprender más sobre quién eres en lo más profundo?
¿Cuáles son tus valores fundamentales y creencias personales que guían tus elecciones y acciones?
¿Cuándo sientes que estás conectada a tu alma?

★ Valentía: permítete de verdad ser tú, con todo lo que eres.

¿En qué áreas de tu vida sientes que necesitas más valentía para ser fiel a ti misma?
¿En qué áreas de tu vida sientes que necesitas más valentía para seguir el camino de tu alma?
¿Cómo podrías cultivar la valentía para enfrentar los desafíos que surgen cuando te alineas con tu autenticidad?

★ Coherencia: relaciónate contigo y con el mundo desde la verdad que eres, según sientes, piensas y haces.

¿Cómo puedes mantener la coherencia entre lo que crees, lo que dices y lo que haces?
¿Cómo podrías alinear tus elecciones y acciones con tus valores y propósito personal?
¿Cómo te aseguras de que tus decisiones diarias reflejen quien eres y no responden a las expectativas externas?

★ Verdad: asegúrate de vivir tu propia vida, según lo que eres, sientes y quieres.

¿Sientes que de verdad estás viviendo tu vida, la tuya?
¿Cómo practicas la honestidad contigo misma en tu día a día?
¿Sientes que te comunicas de forma honesta y abierta en tus relaciones personales y profesionales?

4 CLAVES PARA REFLEXIONAR JUNTAS

1. Cuanto más te conoces, más vives tu vida de verdad.
2. Cuanto más vives tu vida de verdad, más coherente te sientes contigo.
3. Cuanto más coherente te sientes contigo, más valiente te sientes para vivir tu verdad.
4. Cuanto más valiente te sientes, más permiso te das para ser tú misma.

Te invito a coger tu libreta preferida, crear una cita contigo y descubrir tus respuestas usando esta herramienta en este camino hacia la autenticidad.

50 MANTRAS PARA SER AUTÉNTICA

- ★ Soy digna de ser auténtica y mostrar mi verdadero yo.
- ★ Mi autenticidad es mi mayor fortaleza.
- ★ Me permito ser vulnerable y compartir mi verdad.
- ★ Acepto y abrazo todas las partes de mí misma.
- ★ Mi autenticidad inspira a otros a ser auténticos también.
- ★ Mi voz y mis opiniones son válidas y valiosas.
- ★ Me permito expresar mis emociones y sentimientos sin miedo.
- ★ Estoy en paz con ser quien realmente soy.
- ★ Confío en mi intuición y sigo mi propio camino.
- ★ Me libero de la necesidad de complacer a los demás y me enfoco en mi propia felicidad.
- ★ Me permito equivocarme y aprender de mis errores.
- ★ Mi autenticidad me conecta con personas y experiencias auténticas.
- ★ Me amo y me acepto tal como soy.
- ★ No tengo que encajar en los moldes de la sociedad, he venido a ser única.
- ★ Mi autenticidad es un regalo que puedo ofrecer al mundo.
- ★ Me permito soltar las expectativas de otros y vivir mi verdad.
- ★ Mi autenticidad me guía hacia mi camino.
- ★ Me siento orgullosa de permitirme ser fiel a mí misma.

- Me rodeo de personas que me apoyan y aceptan mi autenticidad.
- Me permito explorar y descubrir nuevas facetas de mí desde mi autenticidad.
- Respetar mi autenticidad es una forma de ser libre.
- Me permito brillar sin miedo a ser juzgada.
- Soy más yo cuando me permito ser auténtica.
- Mi autenticidad es un acto de autoamor.
- Me permito establecer límites que honren mi autenticidad.
- Mi autoamor me ayuda a vivir una vida más auténtica y significativa.
- Acepto y amo mis peculiaridades y rarezas que me hacen única.
- Me permito expresar mi creatividad sin miedo.
- Mi autenticidad es una fuente de conexión en mis relaciones.
- Estoy en armonía con mi verdadero ser.
- Me permito explorar y honrar mis deseos y pasiones más profundos.
- Me permito dejar de lado la comparación y abrazar mi singularidad.
- Soy fiel a mis valores y principios sin comprometer mi autenticidad.
- Mi autoamor irradia belleza y autenticidad a mi alrededor.
- Me permito tomar decisiones que reflejen mi verdadero yo, sin miedo.
- Mi autenticidad es una expresión de amor hacia mí misma.
- Me libero de la necesidad de encajar en los estándares impuestos para darme el regalo de ser yo misma.
- Mi autenticidad me libera de la necesidad de buscar la aprobación externa.
- Me permito disfrutar de la libertad que viene al ser auténtica.

- ★ Mi autenticidad es un regalo que me doy a mí misma y a los demás.
- ★ Me permito descubrir y abrazar mis verdaderos deseos y necesidades.
- ★ Mi autenticidad me guía hacia relaciones y conexiones genuinas.
- ★ Me siento poderosa al abrazar mi autenticidad sin disculpas ni excusas.
- ★ Mi autenticidad me ayuda a superar mis miedos y limitaciones.
- ★ Me libero de las cadenas autoimpuestas en mis relaciones que me limitan y no me permiten ser yo misma.
- ★ Me permito soltar las expectativas de perfección y abrazar mi humanidad.
- ★ Mi autenticidad es una manifestación de mi alma que quiere expresarse.
- ★ Me libero de las máscaras y me permito ser auténtica en cada momento.
- ★ Soy una obra de arte única y mi autenticidad es mi firma.
- ★ Me regalo el permiso de cada día ser más yo.

Textos inspiradores
para conectar con tu

autenticidad

Inspiración 1

MI DECLARACIÓN DE AUTOESTIMA

Yo soy yo. En todo el mundo no existe nadie exactamente igual a mí.

Hay personas que tienen algunas partes semejantes a las mías, pero nadie es exactamente como yo. Por tanto, todo lo que sale de mí es auténticamente mío porque yo sola lo elegí.

Todo lo mío me pertenece: mi cuerpo, todo lo que hace; mi mente, con todos sus pensamientos e ideas; mis ojos, incluyendo todas las imágenes que perciben; mis sentimientos, cualesquiera que sean: ira, alegría, frustración, amor, decepción, emoción; mi boca, y todas las palabras que de ella salen, amables, dulces, o cortantes, correctas o incorrectas; mi voz fuerte o suave, y todas mis acciones, sean para otros o para mí misma.

Soy dueña de mis fantasías, mis sueños, mis esperanzas, mis temores.

Son míos mis triunfos y mis éxitos, todos mis fracasos y errores.

Como soy dueña de todo lo que hay en mí, puedo llegar a conocerme íntimamente. Al hacerlo, puedo llegar a amar y ser amistosa conmigo en todas mis partes, puedo hacer posible que todo mi ser trabaje en beneficio de mis intereses. Sé que tengo aspectos que me desconciertan y otros que desconozco.

Pero mientras yo me estime y me quiera, puedo buscar con valor y esperanza las soluciones para las incógnitas e ir descubriéndome cada vez más.

Como quiera que parezca y suene, diga y haga lo que sea, piense y sienta en un momento dado, todo es parte de mi ser.

Esto es auténtico y representa lo que soy en este momento.

A la hora de un examen de conciencia, respecto de lo que he dicho y hecho, de lo que he pensado y sentido, algunas cosas resultarán inadecuadas.

Puedo descartar lo inadecuado, y conservar lo bueno e inventar algo nuevo para lo que haya descartado. Puedo ver, escuchar, sentir, decir, y hacer. Tengo los medios para sobrevivir, para estar unida a los demás, para ser productiva y para encontrar sentido y orden en el mundo de las personas y cosas que me rodean.

Me pertenezco y, por tanto, puedo construirme.

Yo soy yo y estoy bien.

Virginia Satir

Inspiración 2

En la escuela no me hablaron de la luna y sus fases, de la tierra y sus ciclos..., no me hablaron de la muerte como nacimiento, no me hablaron de la sexualidad como sagrada, no me hablaron del cuerpo como templo emocional.

Me hablaron de adaptarme, de encajar, de ser igual... Me hablaron de sentarme siempre en el mismo banco y ver repetidamente un solo ángulo de las cosas.

Me calificaron con números... Me hicieron sentir a veces más, pero casi siempre menos que otro: a veces merecido..., otras veces, no.

Me dijeron que era distraída, rebelde, irrespetuosa..., que tenía que ir «a verme»... Me dijeron que me calle, que estudie hasta lo que no me guste y que saque una hoja, como amenaza..., que repita hasta que memorice..., aunque no lo comprenda.

Me quisieron dar miedo... Me enseñaron desde el miedo, el castigo..., me quisieron sumisa, me quisieron sistémica, me quisieron «sin chistar», me quisieron obediente, me quisieron prolija... Me contaron el cuento de «ser perfecta»... Me inculcaron el «¡deber ser!».

Pero nunca nadie quiso que me descubriera... Nadie me llevó a indagar en mi interior, nadie me preguntó quién era yo... Nadie se detuvo a mirarme.

¿Cuándo va a existir una escuela que nos mire a cada uno detenidamente?

¿Cuándo vamos a dejar de querer ser todos iguales?

¿Cuándo vamos a dejar de habitar el «deber ser»?

¿Cuándo habitaremos el querer?

¿Hasta dónde llegaremos con este método? ¿Cuánto más debemos sufrir...? ¿Cuánto más debemos «encajar»?

Somos lobos bautizados perros.

Quiero aullar a la luna, sin que me digan loca... Quiero vivir a mi ritmo, sin programarme metas. Quiero sentir sin miedo... Quiero sentir y después actuar.

Te regalo mi estructura, te regalo mi productividad... Te regalo mi «deber ser».

A mí déjame libre, creativa, sensible, intuitiva, y aunque no te guste y aunque te incomode, déjame también salvaje.

Autor desconocido

Inspiración 3

Querrán que estudies mil doctrinas,
pero nunca que te conozcas a ti misma.
Querrán que siempre tengas compañía,
pero nunca que la soledad sea tu amiga.
Querrán que te adaptes dentro del sistema,
pero nunca que tus alas rompan sus fronteras.
Querrán diagnosticarte y recetarte mil pastillas,
para que nunca encuentres en tu alma tu propia medicina.
Querrán que pagues mil facturas y que aprendas mil idiomas,
pero nunca que tu alma y tú tengáis un encuentro a solas.
Sí, mi hija, ellos siempre querrán que seas una copia,
pero recuerda siempre este poema en tu memoria,
tú has nacido para escribir tu propia historia.

Arnau de Tera

Inspiración 4

Las heridas no sanadas sangran y se proyectan.

Sobre aquellos a quienes queremos proteger.

Sobre aquellos a quienes amamos.

No lo hacemos a propósito ni de manera consciente.

Pero cuando una herida se activa mediante una situación que nos refleja un pasado doloroso, perdemos la noción de quiénes somos.

De pronto ya no somos el adulto capaz, sabio y comprensivo.

Somos el bebé que lloraba desconsoladamente y nadie venía a atenderlo.

Somos el pequeño de tres años que tocó algo que no debía y fue humillado hostilmente.

Somos la niña de preescolar que le mostró a papá su mejor dibujo y recibió como respuesta desdén y rechazo.

Somos el adolescente que quería experimentar el mundo desde una sana curiosidad que fue ahogada con miedos y vergüenza.

Las heridas de esos niños siguen allí.

Latentes y sangrantes.

Se activan con nuestras parejas, nuestros hijos, nuestros amigos y, por supuesto, con nuestros padres.

Esas heridas son los coreógrafos de la danza de las relaciones que tanto nos duelen.

Son las melodías enloquecedoras que marcan los pasos disfuncionales y continúan hacia delante el ciclo de dolor.

Es hora de sanar, no solo por nosotros, sino por quienes amamos.

El ciclo de abandono, de rechazo, de vergüenza, de maltrato, de humillación, de victimismo debe cortarse en algún lado.

Yo decidí que se corta conmigo.

Yo soy el último eslabón que toca en mi linaje.

Yo haré el trabajo que mis antepasados no pudieron.

Yo tengo la sabiduría, la fuerza, el coraje y la determinación para elegir un sendero distinto.

No será fácil tal vez, pero para mí es el único posible.

Elijo un camino que sana, que reconstruye, que abraza e integra mis partes heridas.

Un camino que me salva y nos salva.

Un camino hacia una vida más auténtica, plena, consciente y llena de luz.

Jo Garner

Inspiración 5

He visto ocurrir milagros cuando la gente simplemente dice la verdad.

No la verdad «linda», no la verdad que busca complacer o reconfortar, sino la verdad cruda. La verdad salvaje. La verdad que no conviene. La verdad tántrica. La «maldita» verdad.

La verdad que tienes miedo de decir. La horrible verdad acerca de ti mismo/a que escondes para «proteger» a otros, para evitar ser «demasiado», para evitar ser avergonzado/a o rechazado/a, para evitar ser visto/a. La verdad de tus sentimientos más profundos: la rabia que has estado disimulando, controlando, que no has permitido ser.

Los terrores de los que no quieres hablar, los impulsos sexuales que has intentado adormecer, los deseos básicos que no soportas expresar. Finalmente, las defensas se caen, y este material «peligroso» emerge desde lo profundo del inconsciente. No puedes retenerlo más. La imagen del «buen chico» o la «buena chica» se evapora, «el perfecto», el que «ha sabido resolverlo todo», el «evolucionado», todas estas imágenes arden. Tiemblas, sudas, sientes que vas a vomitar, piensas que podrías morir al hacerlo, pero finalmente dices tu maldita verdad. La verdad de la que estás profundamente avergonzado/a.

No la verdad abstracta, no la verdad «espiritual». No una verdad diseñada con palabras buscadas cuidadosamente para prevenir la ofensa. No una verdad cuidadosamente empaquetada, sino una verdad desordenada, intensa, desaliñada. Una verdad sangrienta, apasionada, provocativa, sensual, sin domar ni pintar, mortal. Una batida, pegajosa verdad que te hace sudar, vulnerable.

La verdad sobre cómo te sientes,

La verdad que permite que otra persona te vea sin esconderte.

La verdad que hace al otro quedarse sin aliento.

La verdad que hace que tu corazón palpite con fuerza. Esta es la verdad que te hará libre.

Jeff Foster

Inspiración 6

Poco a poco voy descubriendo quién soy.

Comenzaré por decir que soy la ternura de mi hija, la sabiduría de mi abuela, y también soy la valentía de mi madre.

Los años me han mostrado que vengo de un maravilloso linaje de mujeres, en el cual yo estoy ahora mismo formando parte, y quiero que mi hija se sienta cobijada por todas nosotras.

Soy las manos sanadoras de mi abuela, soy su espíritu de bondad, de calma y fragilidad.

Soy la bravura de mamá, soy su alma viajera y aventurera, soy sus ojos coquetos y felices, soy su nobleza y resiliencia, soy amor de pies a cabeza.

Soy la alegría de mi hija, soy su corazón amoroso, sus llantos apasionados, sus reclamos hacia la vida, soy su irreverencia, soy su piedad y esa sutileza de mirar con empatía a los demás.

Esta soy Yo, la que ríe, llora y canta cuando así sus emociones le dictan, soy magia, soy resplandor, soy otoño e invierno, pero también una adorable y colorida primavera, soy todo lo que hoy pueden ver, soy arroyo, pero también una cálida hoguera.

Lupita Leyva

Inspiración 7

Conozco personas maravillosas y con gran valor humano
que viven desgastadas.
Desgastadas por su propia vida.
Esa que han creado —y han creído— en base a unas ideas
«de lo que deben ser».
Y sin darse cuenta, ese «deber ser» las está desgastando
hasta perderse en su propia vida.
Empequeñecerse.
Difuminarse.
Olvidarse.
En espera constante de ese «algo» que le dé sentido
a tanta entrega,
pero que nunca llega.
Y hoy solo quiero contarte
que tú también importas.
Que en medio de esa vida acelerada y entregada a los demás,
tú también importas.
Que no puedes dar si no te das, que nada tienes si no creas
espacios para descansar.
Descansar. Desconectar. Disfrutar. Vivir.

Que por entregarte no te quieren más;
te quieres menos.
Que vivas amando a otros y amándote también a ti.
Que el autoamor es el camino para vivir sintiendo que siempre,
estés con quién estés,
tú estás contigo.
Y eso
es casa.

Laura Chica

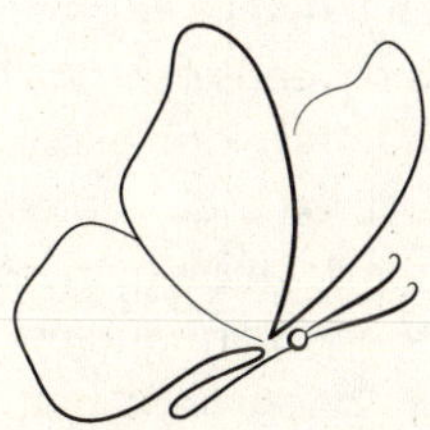

EPÍLOGO

El final.

Hemos venido a esta vida a amar y ser amados. A vivir, probar, aprender, experimentar. Me gusta pensar que en realidad esta vida es una escuela, a la que llegamos, aprendemos todo el tiempo, ganamos, perdemos, nos relacionamos, cada reto o adversidad nos eleva a un nivel diferente, y cuando menos lo esperamos, nos vamos. Desde esta mirada para mí todo es aprendizaje. Y en este camino, el mayor reto que tenemos es amarnos a nosotros mismos, mientras afrontamos las pruebas que nos pone la vida en una carrera que a veces parece interminable.

Mientras escribo este libro tengo cuarenta y cinco años. Si miro atrás, puedo ver las partes de mi vida en las que yo no existía para mí misma porque mi prioridad era que me amaran, la parte en la que me descubrí y seguía priorizando que me amaran a amarme yo, y la parte en la que empecé a valorar mi relación de amor, respeto y comprensión hacia mí misma como algo tan importante como la que tenía con los demás. Y una última fase, con mucho trabajo de consciencia, conciencia y autoamor, en la que cada día me doy más espacio a mí misma para ser verdaderamente yo.

Si has leído mis libros, ahí puedes ser testigo de cómo en ellos hay más de mí, de mi verdad, permitiéndome mostrarme en cada uno de ellos un poco más. Es un reflejo de mi vida: cada día me siento más conectada conmigo, con mi auténtico ser, aprendiendo a hacerme espacio, sentirme y escucharme, y a relacionarme desde ahí. Si me dicen «has cambiado», digo «gracias», porque ese es el regalo de la vida: sentir que cada día evolucionamos un poco más. Y no es una evolución hacia lo que los demás esperan o necesitan de ti, sino hacia ti misma.

Y ese cambio implica perder y ganar: perder personas, compromisos y prioridades para ganar otras personas, otros compromisos y otras prioridades, pero quizá en este caso más alineados con tu verdadero yo. ¿Duele? Mucho. ¿Cuesta? Mucho más.

Pero recuerda que en esta escuela de la vida hemos venido a eso, a ganar y a perder, a probar, relacionarnos y experimentar. Y sobre todo a amar y ser amados, y a descubrir el mayor tesoro con el que nos enviaron aquí, que siempre estuvo dentro de nosotros y que nunca supimos encontrar.

Hasta ahora. Hasta este momento en el que algo en ti necesitaba espacio, gritaba su sitio, y en esta ocasión ya no hemos podido no escuchar y hemos tenido que abrirnos a todo lo que estaba en nosotros esperando para salir y brillar desde tu auténtico ser.

Y quizá lo más bonito que podemos hacer por nosotras y por el mundo es vivir una vida cada vez más llena de nosotras mismas, de todo lo que somos, con mucha verdad y autenticidad, soltando por el camino todo eso que en realidad nunca fuimos, aunque creímos ser, y llegar al final de nuestros días habiendo vivido una vida plena y auténtica, y lo más importante: llena de ti.

Deseo eso para todas nosotras.

Tenemos la suerte de que podemos comenzar hoy.

Seguimos aprendiendo.

Con amor,

Laura Chica

Ayúdame a crear juntas un mundo más bonito. Te invito a coger tu móvil y enviar en este momento un mensaje a una mujer que para ti sea auténtica, y dale las **#Graciasporserauténtica**. Dile: «Gracias por permitirte ser auténtica, porque eso me inspira a mí a serlo también». Y así, sin darnos cuenta, unas seremos inspiración de otras. Hasta que entre todas podamos crear un cambio en el mundo desde nosotras mismas.

AGRADECIMIENTOS

Gratitud infinita a las personas de mi vida que me han hecho ser quien soy. A las que me ayudaron, y a las que no lo hicieron. A las que me quisieron de verdad, y a las que no. A las que se quedaron, y a las que ya no forman parte de mi vida, porque de una forma u otra, siempre están. Todos somos el resultado de las personas de nuestra vida, y nuestro mayor agradecimiento es reconocerles su lugar, aunque ya no estén.

Gracias a mi familia por ser mi escuela de vida, mi aprendizaje, mi apoyo y mi tierra. Gracias por respetar mis alas aunque no las comprendieran. Gracias a mi maestra de vida, que es mi hija, Norah, que cada día me lo pone más complicado, seguramente para que aprenda más. Ojalá estas letras te sirvan algún día, aunque tú naciste auténtica.

Gracias a todas vosotras que me leéis cada día, compráis mis libros, los regaláis, los compartís y los abrazáis porque a veces os regala la luz que necesitáis. Quiero deciros que gracias a vosotras sigo en mi propósito de escribir desde el alma, que nunca sé cuándo será el último libro, el último escrito o la última vez, pero lo haré mientras sienta que puede ayudarnos un poquito más.

Gracias a mi editorial por hacerlo posible una vez más, y permitirme vivir este sueño sin cuestionar nada.

Gracias a mi compañero de vida, por sostenerme en mis peores momentos, sin preguntar, incondicional, enseñándome que amar es estar siempre, algo que yo no conocía, y acompañarme en mi camino a ser cada día más auténtica.

Y quiero darme las gracias a mí misma, también, por seguir aquí. Por seguir aunque a veces no sepa muy bien para qué, o cómo. Por seguir creando el sentido a una vida que a veces no lo tiene. Por querer ser cada día un poco mejor persona que ayer. Y más verdadera. A pesar de la dificultad, seguir siendo valiente.

Las mujeres auténticas son vulnerables.
Se caen, se equivocan, se rompen
y se pierden de su camino.
A veces pueden sentir que no sirven, que no importan,
que no son, porque pierden su poder regalándoselo a otros,
mirando fuera, olvidando que lo tienen dentro.
Y entonces un día,
en medio de la oscuridad de perderse de sí mismas,
recuerdan que el poder siempre estuvo ahí:
en la valentía de ser ellas mismas.
Y aprenden a verlo,
a reconocerlo, a respetarlo y a amarlo,
y a saber que pase lo que pase fuera,
si cierras lo ojos,
siempre puedes reencontrarte con tu poder dentro de ti.
Y ese día
comienzas de verdad
a VIVIR
tu vida.